TABLE DE SAQQARAH

LA TABLE

DE

SAQQARAH

PAR

M. AUG. MARIETTE

Extrait de la *REVUE ARCHÉOLOGIQUE*

PARIS

AUX BUREAUX DE LA *REVUE ARCHÉOLOGIQUE*

LIBRAIRIE ACADÉMIQUE — DIDIER et Cᵉ

QUAI DES AUGUSTINS, 35

1864

TABLE DE SAQQARAH

Il y a trois ans environ, en déblayant les tombes situées au sud de la grande pyramide de Saqqarah, nous découvrîmes une petite construction de pierre calcaire, ruinée en partie, qu'à l'examen des légendes je reconnus pour être l'édicule funéraire élevé au-dessus de la sépulture de *Nekht* et de *Tounar-i*, fonctionnaires du règne de Ramsès II.

Parmi les représentations nombreuses dont cet édicule était orné, il s'en trouva une qui fixa particulièrement mon attention. A gauche, Tounar-i est debout, vêtu de la longue robe et tenant en main le papyrus roulé, attribut ordinaire des prêtres de l'ordre des *heb*; à droite on aperçoit l'image d'Osiris; entre les deux personnages, *cinquante-huit* cartouches royaux sont rangés sur deux lignes.

Cédant aux instances bienveillantes de quelques personnes, j'aurais voulu depuis longtemps faire connaître cette intéressante représentation. Mais la *Table de Saqqarah* n'est pas monolithe, et à l'époque où nous la découvrîmes, il lui manquait quelques blocs que je fis alors chercher en vain. D'un autre côté, j'avais toujours conservé l'espérance de voir une nouvelle exploration des lieux, plus heureuse ou mieux conduite, nous amener au but qu'une première fois nous n'avions pas atteint. En présence d'un texte mutilé dont il me semblait possible de retrouver les parties perdues, mon devoir était donc, non pas de publier précipitamment ce texte, mais d'attendre pour le faire que les sables nous aient décidément rendu tout ce qu'ils pouvaient encore nous en cacher.

Je me hâte d'annoncer que cette opération vient d'être terminée. Elle n'a malheureusement pas donné tous les résultats que j'aurais voulu, et quelques lacunes enlèvent à notre liste une partie de sa valeur. Mais les décombres de la nécropole de Saqqarah ont dit leur dernier mot : nous possédons maintenant le monument de Tounar-i

dans sa forme définitive, et rien ne s'oppose par conséquent à ce que
je le livre à l'étude des égyptologues.

L'économie de la Table de Saqqarah est très-simple. La scène qu'on
y trouve représentée est disposée de la manière suivante :

FIGURE D'OSIRIS,

[Oblation faite aux rois de la Haute] et de la Basse-Égypte, aux Osiriens

(Rangée supérieure.)	*(Rangée inférieure.)*
1. [le roi Ra-ouser-Ma] *sotep en* [Ra], dit juste,	30. le roi *Ra-scha-nefer*, dit juste,
2. [le roi Ra-men]-*Ma*, dit juste,	31. le roi *Ra-ases-ké*, dit juste,
3. [le roi Ra-peh-ti]-mén, dit juste,	32. le roi *Ra-nefer-ari-ké*, dit juste,
4. [le roi Ra-ser-Kheper-ou sotep] *en* [Ra], dit juste,	33. le roi *Ra-sahou*, dit juste,
5. [le roi Ra-neb-Ma, dit juste],	34. le roi *Ouser-ké*, dit juste,
6. [le roi Ra-men-Kheper-ou, dit juste],	35. le roi [. . . . . . . dit juste],
7. [le roi Ra-aa-kheper-ou, dit juste],	36. [le roi . . . . dit juste],
8. [le roi Ra-men-kheper, dit juste],	37. [le roi . . . . dit juste],
9. [le roi Ra-aa-kheper-en, dit juste],	38. [le roi . . . . dit juste],
10. [le roi Ra-aa-kheper-ké, dit juste],	39. [le roi *Ra-men-ké-ou*, dit juste],
11. le roi *Ra-ser-ké*, dit juste,	40. le roi *Ra-schou-f*, dit juste],
12. le roi *Ra-peh-neb*, dit juste,	41. le roi *Ra-tet-ef*, dit juste,
13. le roi *Ra-kher-neb*, dit juste,	42. le roi *Khefou-f*, dit juste,
14. le roi *Ra-s-ankh-ké*, dit juste,	43. le roi *S-néfer-ou*, dit juste,
15. le roi *Ra-s-hotep-het*, dit juste,	44. le roi *Heni*, dit juste,
16. le roi *Ra-kheper-ké*, dit juste,	45. le roi *Ra-neb-ké*, dit juste,
17. le roi *Ra-noub-ké*, dit juste,	46. le roi *Ser-tetu*, dit juste,
18. le roi *Ra-scha-kheper*, dit juste,	47. le roi *Ser*, dit juste,
19. le roi *Ra-scha-ké*, dit juste,	48. le roi *Bebi*, dit juste,
20. le roi *Ra-en-Ma*, dit juste,	49. le roi .....*t'a*... ., dit juste,
21. le roi *Ra-ma-kher-ou*, dit juste,	50. le roi *Seker-nefer-ké*, dit juste,
22. le roi *Ra-sebek-ké* (*sic*), dit juste,	51. le roi *Ra-nefer-ké*, dit juste,
23. le roi *Ra-nefer-ké*, dit juste,	52. le roi *Sent*, dit juste,
24. le roi *Ra-meri-en*, dit juste,	53. le roi *Out'a-nesa*, dit juste,
25. le roi *Pepi*, dit juste,	54. le roi *Ba-neter-ou*, dit juste,
26. le roi *Tetu*, dit juste,	55. le roi *Ké-ké-ou*, dit juste,
27. le roi *Ounas*, dit juste,	56. le roi *Neter-ba-ou*, dit juste,
28. le roi *Ra-Ma* (sic) -*ké*, dit juste,	57. le roi *Kebch-ou*, dit juste,
29. le roi *Her-men-ke*, dit juste.	58. le roi *Meri-ba-pen*, dit juste,

en offrande du roi *Ra-ouser-Ma sotep-en-Ro*, du fils du soleil *Ramsès-
Meri-Amen*, vivant à toujours.

Qu'ils accordent de recevoir les pains sacrés, la manifestation en leur
présence, l'illumination de chaque jour, à la personne de l'Osiris, celui
qui sert la fête de tous les dieux, le chargé des constructions dans toutes
les fondations du roi, le royal scribe, le *heb* principal, Tounar-i, dit
juste, fils de Pe[sar]

FIGURE DE TOUNAR-I.

On lit au chapitre 125 du *Rituel*, qu'un des biens réservés au défunt proclamé juste est son admission dans la société des rois de la Haute et de la Basse-Egypte. Nul doute que nous ne devions à cette promesse la représentation découverte dans la tombe de Saqqarah. Tounar-i est figuré pénétrant, conformément aux indications du *Rituel*, dans l'assemblée royale : originairement notre monument n'a pas d'autre but. Quant à l'exécution, on voit par la traduction précédente qu'il est divisé en deux parties. La première rappelle comme arrangement général, et même comme rédaction, la table d'Abydos. L'offrande aux rois doit être considérée comme y étant faite par Ramsès lui-même. La Table est donc ici un monument royal.

Dans la seconde partie intervient une formule de souhaits en faveur de Tounar-i. La scène reprend par là son caractère funéraire. Tounar-i ne préside pas à l'oblation faite aux rois de la Haute et de la Basse-Egypte : s'il est présent, c'est pour que les visiteurs de son tombeau le croient jouissant de l'une des prérogatives promises par les livres sacrés à l'homme déclaré digne d'entrer dans le séjour éternel. Comme ensemble, la Table de Saqqarah rappelle donc à la fois, et les monuments d'origine officielle comme la Table d'Abydos, et certaines séries royales d'origine privée, découvertes à Abd-el-Qournah.

Malgré les pertes qu'a subies la Table, le classement des douze premiers cartouches ne souffre aucune difficulté. Le n° 1 est celui de Ramsès II. La formule *le dit juste*, souvent employée dans les temples sur les monuments votifs, n'implique pas nécessairement un personnage mort; on a d'ailleurs de fréquents exemples de Ramsès, adressant ses offrandes soit à sa propre image, soit à son propre nom. Il reste assez de traces des n°ˢ 2, 3 et 4 pour y reconnaître, rangés dans leur ordre chronologique, les deux premiers rois de la XIX° dynastie, Ramsès I et Séti I, et le dernier roi de la xviiiᵉ, Horus. Entre Horus et Aménophis I (n° 11), six noms royaux manquent absolument. Mais l'hésitation n'est pas permise, et ces six noms sont aisément restitués par la Table d'Abydos et d'autres séries analogues; les usurpateurs et la sœur de Thoutmès, regardée après sa mort comme une simple régente, sont exceptés, et Aménophis III, Thoutmès IV, Aménophis II, Thoutmès III, Thoutmès II et Thoutmès I prennent seuls place dans la liste. Enfin, au-delà d'Aménophis I, on lit le nom d'Amosis (n° 12), chef de cette grande famille. Nous avons donc :

XIX° DYNASTIE.	1. *Ra-ouser-Ma sotep-en-Ra*,	Ramsès II.
	2. *Ra-men-Ma*,	Séti I
	3. *Ra-men peh-ti*,	Ramsès I.

<table>
<tr><td>XVIIIe dynastie.</td><td>4. Ra-ser-kheper-ou-sotep-en-Ra,</td><td>Horus.</td></tr>
<tr><td></td><td>5. Ra-neb-Ma,</td><td>Aménophis III.</td></tr>
<tr><td></td><td>6. Ra-men-kheper-ou,</td><td>Thoutmès IV.</td></tr>
<tr><td></td><td>7. Ra-aa-kheper-ou,</td><td>Aménophis II.</td></tr>
<tr><td></td><td>8. Ra-men-kheper,</td><td>Thoutmès III.</td></tr>
<tr><td></td><td>9. Ra-aa-kheper-en,</td><td>Thoutmès II.</td></tr>
<tr><td></td><td>10. Ra-aa-kheper-ké,</td><td>Thoutmès I.</td></tr>
<tr><td></td><td>11. Ra-ser-ké,</td><td>Aménophis I.</td></tr>
<tr><td></td><td>12. Ra-neb-peh,</td><td>Amosis.</td></tr>
</table>

Après Amosis, la Table de Saqqarah, à l'exemple de la Table d'Abydos, franchit onze siècles et arrive sans intermédiaire à la XIIe dynastie. Mais ici elle ne passe plus comme elle l'a fait jusqu'à présent, et comme elle va le faire ensuite, du roi le plus moderne au roi le plus ancien. Tout à coup, sans motif apparent, elle retourne pour ainsi dire en bloc tout un groupe de dix rois (n° 13 à 22), comme si le scribe chargé de la composition de la Table avait reçu toute faite, rédigée dans l'ordre *descendant*, une liste partielle dont il aurait négligé d'intervertir les noms avant de l'introduire dans la série *ascendante* du monument. *Ra-neb-kher* (n° 13) est le premier et le plus ancien de ces dix rois. Son nom propre est *Mentouhotep;* on le classe parmi les Pharaons de la XIe dynastie. Il est certain que ce roi, dans toutes les séries où il figure, occupe une place d'attention. Sa bannière   *Sam to-ti,* « *celui qui réunit les deux pays,* » indiquerait un prince qui, à la suite d'événements encore inconnus, aurait réussi à replacer l'Egypte sous un sceptre unique. *Ra-neb-kher Mentouhotep* serait à la XIe dynastie ce qu'Amosis sera plus tard à la XVIIIe. De là le respect dont sa mémoire était entourée. *Ra-s-ankh-ké,* qui le suit (n° 14), est un roi obscur dont nous ne connaissons pas le nom propre; il appartient également à la XIe dynastie. Quant aux sept cartouches suivants (n° 15 à 21), ils sont ceux des sept premiers rois de la XIIe dynastie, tels qu'un grand nombre de monuments nous les font connaître. Le dernier de la liste, et par conséquent le plus moderne (n° 22), est *Ra-sebek-ké.* A la rigueur ce cartouche, qui paraît ici pour la première fois, pourrait nous révéler un roi nouveau représentant à lui seul la XIIIe dynastie. Mais si l'on veut remarquer que le tombeau de Tounar-i porte dans toutes ses parties des traces flagrantes de la négligence de ceux qui l'ont gravé, si l'on fait attention que cette négligence se manifeste d'une manière éclatante sur

notre Table elle-même, où le nom  *Ra-tet-ké* est écrit (n° 28) [cartouche] *Ra-ma-ké* (voyez aussi l'orthographe du cartouche n° 42), on sera conduit à admettre que *Ra-sebek-ké* est une erreur du lapicide, et qu'au lieu de [cartouche] il faut lire [cartouche] *Ra-sebek-nefer-ou,* nom bien connu de la reine Skémiophris, admise par tout le monde comme le 8e et dernier personnage de la XIIe dynastie. Nous aurions ainsi :

XVIIIe DYNASTIE.	Premier roi.	12.	*Ra-neb-peh,*	Ahmès.
XIIe DYNASTIE.	Dernier roi.	22. (13.)	*Ra-Sebek-nefer-ou,*	. . . .
»	7e	21. (14.)	*Ra-Ma-kher-ou,*	Amenemha IV.
»	6e	20. (15.)	*Ra-en-Ma,*	Amenemha III.
»	5e	19. (16.)	*Ra-scha-ké,*	Ousertasen III.
»	4e	18. (17.)	*Ra-scha-kheper,*	Ousertasen II.
»	3e	17. (18.)	*Ra-noub-ké,*	Anemenha II.
»	2e	16. (19.)	*Ra-kheper-ké,*	Ousertasen I.
»	1er	15. (20.)	*Ra-s-hotep-het,*	Amendmha I.
XIe DYNASTIE.	?	14. (21.)	*Ra-s-ankh-ké,*	. . . .
»	?	13. (22.)	*Ra-neb-kher,*	Mentouhotep.

La série de Saqqarah est donc jusqu'ici bien claire : après la XIXe dynastie elle enregistre la XVIIIe, n'admettant dans sa liste que les Pharaons regardés comme légitimes ; de là elle passe à la XIIe, qu'elle cite au complet, puis à la XIe, représentée par deux de ses rois, et des dix cartouches de ces deux dernières familles elle fait un seul groupe, comme si, pour elle, la XIe et la XIIe dynastie n'en étaient qu'une. Quant au vide de onze siècles constaté entre Amosis et Skémiophris, il comprend : 1° les pasteurs. Ceux-ci occupent les XVe, XVIe et XVIIe dynasties, lesquelles se divisent elles-mêmes en deux époques. Pendant la XVe et la XVIe, les pasteurs sont les redoutables envahisseurs dont le souvenir est resté si longtemps vivant dans les traditions égyptiennes ; pendant la XVIIe dynastie, l'Égypte renaît à la fois à Thèbes et à Avaris. Rien n'est venu jusqu'à nous de la première période ; au contraire, avec la seconde, nous trouvons à Thèbes de riches sépultures, et à Avaris nous sommes en face des beaux sphinx que les lecteurs de la *Revue* connaissent. 2° La XIVe dynastie, originaire de Xoïs. Cette famille posséda son autonomie, et ne fut pas, comme on le prétend, contemporaine soit des pasteurs, soit de la XIIIe dynastie. Sakha (Xoïs) est à quelques kilomètres seulement de Sân (Avaris), et quand on se rappelle que la soudaine irruption

des Hycsos a été pour les provinces septentrionales de l'Égypte un de
ces fléaux auxquels rien ne résiste, quand on se rappelle que la
XIIIe dynastie a étendu son empire du fond de la Nubie (île d'Argo)
à la Méditerranée, on a peine à admettre qu'au milieu de ces rois
puissants un petit État rival ait subsisté presque aux portes d'Avaris.
3° la XIIIe dynastie, originaire de Thèbes. Autre branche qu'on a
essayé de faire contemporaine des pasteurs. Mais la découverte faite,
à Sân, de monuments érigés dans le même temple par des souverains
de la XIIIe et de la XVIIe dynastie oppose à ces conjectures le dé-
menti le plus formel. Si la XIIIe dynastie avait été rivale des Hycsos,
elle n'eût pas orné des statues de ses rois le temple d'une ville oc-
cupée par ces étrangers. En passant d'Amosis au dernier cartouche
de la XIIe dynastie, la Table de Saqqarah et la Table d'Abydos sautent
donc par dessus cinq dynasties successives. Sans aucun doute, on
pourra discuter sur les chiffres donnés par Manéthon, et les onze
siècles correspondant à ces cinq dynasties me paraissent, à voir certains indices révélés par les monuments, devoir être considérablement
réduits; mais il n'en est pas moins certain qu'après la XIIe dynastie,
les annales ont à compter une dynastie thébaine, une dynastie xoïte,
et les pasteurs, suivis eux-mêmes des rois dont Amosis fut le chef.

Les quatre cartouches suivants (n°s 23 à 26) sont bien connus : ils
appartiennent à la VIe dynastie. Ainsi, encore une fois, le monument
de Tounar-i omet quatre familles (VIIe, VIIIe, IXe et X^e dynasties) représentant une durée de quatre cent trente-six ans. Nous avons dé-
couvert à Abydos la tombe d'un fonctionnaire nommé *Ouna* qui,
après avoir occupé divers emplois sous les rois *Teta* (n° 26) et *Pepi*
(n° 25), accomplit encore une mission à Éléphantine, sous *Meri-en-
Ra* (n° 24). Une autre tombe de la même localité mentionne aussi,
dans leur ordre, les deux mêmes rois, *Pepi* et *Meri-en-Ra*, auxquels
est ajouté cette fois *Ra-nefer-ké* (n° 23). L'ordre chronologique des
quatre rois est donc bien celui que nous présente la Table. Mais si la
Table est ici d'accord avec les monuments, on ne peut dire que cet
accord persiste dès qu'on essaie de rapprocher les rois qui précèdent
des listes fournies par Manéthon. Ces listes, dans l'arrangement
général adopté aujourd'hui, ne représentent, en effet, qu'imparfai-
tement les listes parallèles des monuments; d'un autre côté, celles-ci
font tomber *Pepi* sur le Φίωψ de Manéthon, lequel régna cent ans.
Or, il est difficile de comprendre qu'un fonctionnaire ait exercé des
charges actives sous trois souverains, dont le second aurait passé un
siècle sur le trône. Ne serait-ce pas Manéthon lui-même qui nous
fournirait le moyen d'écarter ces obstacles? N'est-ce pas lui qui, en

nous rendant les cartouches-noms encore ignorés de *Ra-nefer-ké* et de *Meri-en-Ra*, nous aiderait à mettre à la place qu'ils doivent occuper les quatre rois de Saqqarah? En suppléant un *Mentouhotep II* encore inconnu, probablement parce qu'il ne régna qu'un an, et Nitocris, déjà révélée par le Papyrus de Turin, nous obtiendrions cette liste, en tête de laquelle je place la dynastie de Manéthon, telle qu'elle a été rectifiée par M. Lepsius :

VIᵉ DYNASTIE.

I.	Ὀθόης,	26		*Teta,*	règne 30 ans,
II.	Φίωψ α'	25		*Pepi I,*	53 ans.
III.	Μενθουῶφις(?) α'	24		*Mentouhotep I,*	7 ans.
IV.	Φίωψ β'	23		*Pepi II,*	100 ans.
V.	Μενθουῶφις(?) β'			*Mentouhotep II,*	1 an.
VI.	Νίτωχρις,			*Netacri,*	12 ans

Il y a ici, bien entendu, trop de conjectures pour que je propose ce système autrement qu'en l'entourant de toutes les réserves possibles. Mais si les monuments venaient à nous prouver que ces conjectures sont justes, les obstacles dont je parlais tout à l'heure seraient écartés. La vıᵉ dynastie des monuments ne serait plus, je le répète, en opposition avec la vıᵉ dynastie de Manéthon, et nous attribuerions à *Pepi II* les cent ans de règne, disposition que ne contrarient plus les formelles indications de la tombe d'Abydos. En ce qui concerne les quatre dynasties omises par la Table, entre la vıᵉ et la xıᵉ dynastie, rien n'établit que cette subite lacune ne doive pas être remplie par les quatre séries de souverains qu'indique Manéthon. On sait qu'ici le système des dynasties collatérales se donne libre carrière, et que de la fin de la ıvᵉ dynastie au commencement de la xııᵉ dynastie, on divise l'Égypte en deux, trois, et même quatre royaumes simultanés qui ont leur capitale à Éléphantine, à Thèbes, à Héracléopolis et à Memphis. Mais où sont les preuves? A l'une de ces quatre dynasties correspondent peut-être les cartouches de la rangée supérieure d'Abydos; quelques rois portant ce nom de *Sebekhotep,* qui sera plus tard si usité parmi les souverains de la xıııᵉ dynastie, semblent vouloir se montrer déjà ; enfin, j'ai depuis longtemps émis l'opinion que plusieurs des belles tombes des Pyramides et de Saqqarah peuvent descendre plus bas que la vi^e dynastie et représenter même la xiie dynastie, dont on ne rencontre pas de traces dans les nécropoles de Memphis. Mais y a-t-il dans ces monuments (d'attribution d'ailleurs fort douteuse) un seul fait qui autorise à penser que l'Égypte ait alors perdu son unité? En vain des rois partiels se montrent-ils au commencement de la xie dynastie ; supposer que les contemporains de ces rois sont compris dans les listes de Manéthon, n'est pas résoudre le problème. Non pas que je prétende qu'il n'y eut jamais en Égypte de dynasties simultanées. Bien loin de là. Il est impossible qu'un empire comme celui de Ménès ait duré cinquante siècles sans dislocations intérieures, et on peut regarder comme certain qu'à diverses reprises et à des époques que nous ne connaissons pas toutes, l'Égypte a été partagée en deux et même en plusieurs royaumes. Sous la xxiiie dynastie, ne voyons-nous pas la haute Égypte soumise à l'autorité des rois éthiopiens, Tanis abritant la dynastie regardée comme légitime, tandis que la stèle de Gébel-Barkal, si bien interprétée par M. de Rougé, nous montre plusieurs autres dynasties gouvernant dans l'Égypte inférieure? Cette division de l'empire s'était d'ailleurs déjà produite sous les Pasteurs (xviie dynastie) sous les grands prêtres, successeurs des Ramsès (xxie dynastie), et elle se produira de nouveau à la dodécarchie (commencement de la xxvie dynastie). L'Égypte n'a donc pas toujours été un royaume unique. Mais on remarquera que toutes les dynasties collatérales dont nous venons de constater l'existence ne sont déjà plus dans Manéthon. La méthode de Manéthon ne consiste donc pas à ajouter bout à bout des dynasties qui furent contemporaines ; au contraire, partout où les monuments nous prouvent qu'il y eut double royauté, nous reconnaissons (une seule exception à cette règle nous est fournie par les trois rois saïtes, contemporains de Tahraka) que Manéthon a fait un choix. Il faut, par conséquent, prendre Manéthon pour un cadre sérieux des dynasties égyptiennes. Son œuvre est le résultat, déjà en partie prouvé par les monuments, d'un travail d'épuration et d'élimination. Manéthon a pu, dans ce travail, se laisser influencer par des considérations qui nous échappent, en adoptant une famille royale plutôt que l'autre, et les annales officielles de l'Égypte nous seraient parvenues qu'elles-mêmes ne seraient pas exemptes de partialité. Mais Manéthon n'a pas rangé à la file les unes des autres des dynasties qui auraient régné ensemble. Ses listes sont un tronc unique d'où les branches parasites ont été abattues. Ce qu'il a fait pour la dodécarchie, pour la xxiiie, pour la xxie, pour la xviie dynastie, Manéthon a dû le faire partout. Autrement ce n'est pas trente et une dynasties que nous compterions avant Alexandre, c'est jusqu'à soixante peut-être qu'il faudrait monter pour exprimer le nombre de toutes celles qui ont paru avec plus ou moins d'éclat sur les bords du Nil. Il n'y a donc pas lieu, en général, d'appliquer aux listes de Manéthon le système des dynasties collatérales, et je considère qu'on ne doit pas l'appliquer ici plus qu'ailleurs, puisque aucun indice monumental ne laisse soupçonner que de la vie à la xie dynastie les rois memphites de la viie et de la viiie dynastie n'aient pas eu pour successeurs les rois héracléopolitains de la ixe et de la xe dynastie. Par conséquent, nous compterons entre *Ra-neb-kher* et *Ra-nefer-ké* quatre familles royales, comme nous en avons compté cinq entre Amosis et Skémiophris. Mille causes diverses qui nous échappent ont pu condamner à l'obscurité les deux longues périodes contre lesquelles nous voyons la Table de Saqqarah, d'accord avec Manéthon, protester par son silence.

Au delà de la vie dynastie, nous entrons dans la partie vraiment neuve et intéressante de la Table de Saqqarah. Trente-deux cartouches nous restent à examiner. Pour faciliter ce travail d'exploration, nous prendrons maintenant la liste à son commencement.

Le lecteur qui voudra bien étudier le tableau suivant, se rendra facilement compte de la place qu'occupent ces trente-deux cartouches dans les cinq premières dynasties. La première colonne comprend les listes de Manéthon, selon l'Africain. A la seconde, je mets en regard de chaque nom le cartouche correspondant de la Table. La troisième colonne reproduit les séries concordantes qu'on trouve dans les autres monuments.

Pap. Turin, **Fr. 1.**

Ire DYNASTIE.			
Μήνης.	»	I.	
II. Ἄθωθις.	»	?? II.	
III. Κενκένης.	»		

Pap. Turin, Fr. 20.

IV. Οὐενέφης.		»	
V. Οὐσαφαῖδος.		»	? II.
VI. Μιεϐιδός.	VI. 58 Maï-ba-pen.		VI. 58.
VII. Σεμέμψης.		»	
VIII. Βιηνεχῆς.	VIII 57. Kebeh-ou.		VIII. 57.

IIe DYNASTIE.

IX. Βοηθός.	IX 56. Neter-ba-ou.		IX. 56.
X. Καιέχως.	X. 55. Ké-ké-ou.		X. 55.
XI. Βίνωθρις.	IX. 54. Ba-neter-ou.		XI. 54.
XII. Τλάς.	XII. 53. Out‘a-nesa.		

Pap. Turin, Fr. 19.

XIII. Σεϑένης.	XIII. 52. Sent.		XIII. 52.
XIV. Χαίρης.		»	

XV.   XV. 51.
Νεφερχέρης. Ra-nefer-ké.

XVI.
Σέσωχρις.

XVII.
Χενερής

Pap. Turin, Fr. 18.

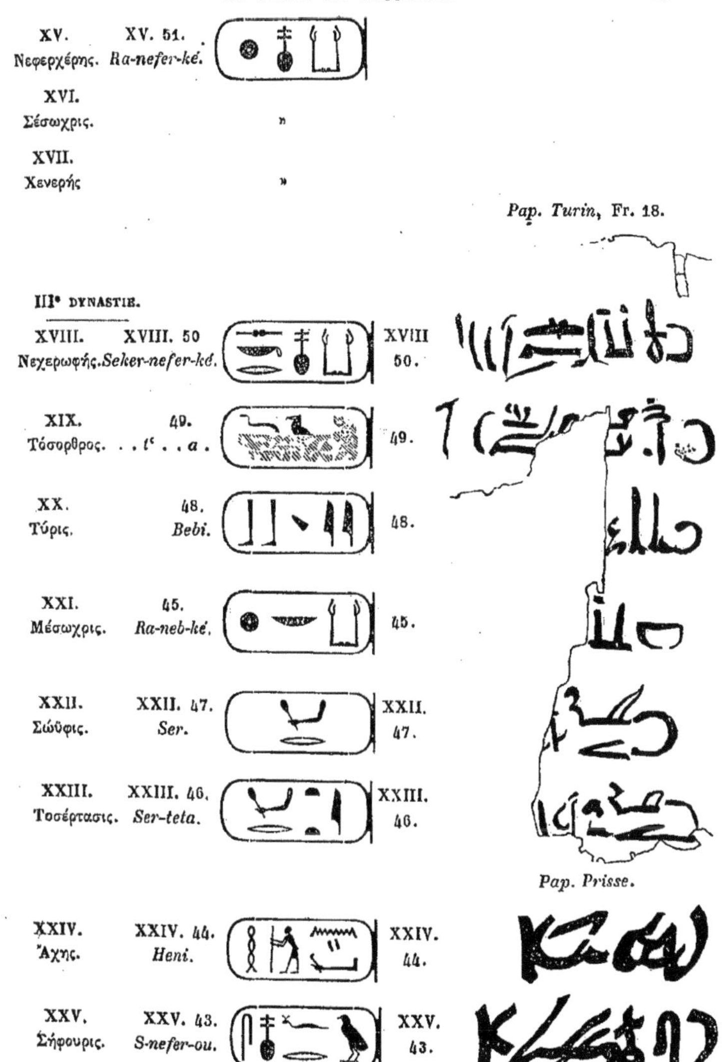

IIIe DYNASTIE.

XVIII.   XVIII. 50   XVIII
Νεχερωφής. Seker-nefer-ké.   50.

XIX.   49.   49.
Τόσορθρος.   . . . tᶜ . . a .

XX.   48.   48.
Τύρις.   Bebi.

XXI.   45.   45.
Μέσωχρις.   Ra-neb-ké.

XXII.   XXII. 47   XXII.
Σώῦφις.   Ser.   47.

XXIII.   XXIII. 46.   XXIII.
Τοσέρτασις.   Ser-teta.   46.

Pap. Prisse.

XXIV.   XXIV. 44.   XXIV.
Ἄχης.   Heni.   44.

XXV.   XXV. 43.   XXV.
Σήφουρις.   S-nefer-ou.   43.

XXVI.
Κερφέρης.

IVᵉ DYNASTIE.   *Tombe des Pyramides.*

XXVII. Σῶρις.		»	XXV. 43.	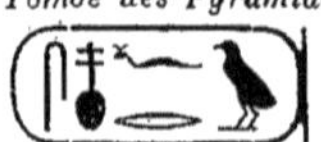
XXVIII. Σοῦφις.	XXVIII. 42. *Khoufou-f.*		XXVIII. 42.	
XXIX. Σοῦφις.	XXIX. 40. *Ra-schou-f.*		XXIX. 40.	
XXX. Μενχέρης.	XXX. 39. *Ra-men-ké-ou.*			
XXXI. Ῥατοίσης.	XXXI. 41. *Ra-tet-ef.*	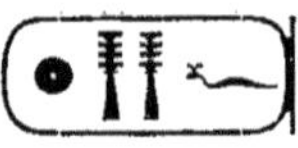		
XXXII. Βίχερις.	38.			
XXXIII. Σεβερχέρης.	37.			
XXXIV. Θαμφθὶς.	36.	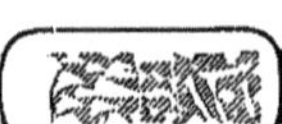		
	35.			

Vᵉ DYNASTIE.

XXXV. Οὐσερχέρης.	XXXV. 34. *Ouser-ké...*	
XXXVI. Σεφρής.	XXXVI. 33. *Ra-sahou.*	
XXXVII. Νεφερχέρης.	XXXVII. 32. *Ra-nefer- ari-ké.*	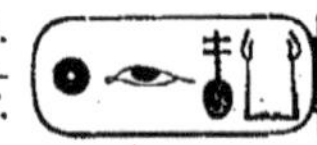
XXXVIII. Σισίρης.	XXXVIII. 31. *Ra-ases-ké.*	

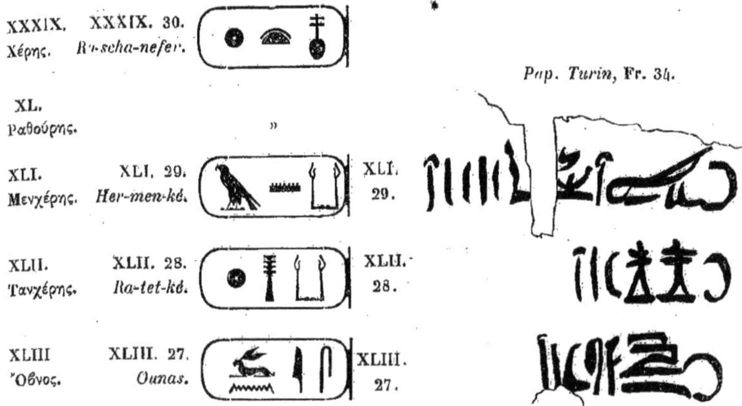

Pap. Turin, Fr. 34.

La première dynastie a huit rois dans Manéthon ; elle n'en a que deux sur la Table. Cette différence tient au caractère propre de chacune de ces listes. Manéthon expose la nomenclature des rois égyptiens : la Table est le résultat d'un choix fait parmi ces mêmes rois, sous l'inspiration de motifs que nous ne connaissons pas.

Le premier cartouche et, par conséquent, le plus ancien de toute la Table (n° 58), se lit *Meri-ba-pen* ou *Maï-ba-pen*. On peut y voir sans contestation le Μιεβιδός de Manéthon, c'est-à-dire le sixième roi de la première dynastie ; mais il serait difficile d'y retrouver, sans en forcer le sens, la traduction φιλέταιρος, *aimant ses compagnons*, indiquée par Ératosthènes. Le second cartouche, *Kebeh-ou* (n° 57) est rendu dans l'Africain par Βιηνεχής ; une leçon d'Eusèbe donne Ούβιένθης et Βιένθης. En combinant ces trois formes, on aurait, par l'oblitération de la nasale et la restitution de la première consonne, Κουβιένχης ou Κεβιένχης (ΚεΒίενΧης = KeBeH-ou). Quant aux autres cartouches de la première dynastie qui ne se trouvent pas dans la Table, mais que la Table nous aide à trouver dans le Papyrus, on en a la liste dans le tableau qui précède. Le premier est certain : c'est celui de Ménès. Le second est très-douteux. On a voulu jusqu'ici y lire ⬚ *Atet*. Mais M. Chabas a fait voir l'impossibilité de cette lecture. Le troisième est ⬚ . L'un des phonétiques de ce groupe est *T'et*. Si la place que le cartouche occupe sur

le Papyrus immédiatement avant Miebidos, et après un autre cartouche
qui n'est pas celui de Ménès, n'était un obstacle, on l'assimilerait
avec raison à l'Ἄθωθις de Manéthon. Quoi qu'il en soit, nous ne pos-
sédions autrefois qu'un seul cartouche (celui de Ménès) qu'on pût
attribuer à la première dynastie : la Table nous enrichit de trois
noms.

C'est la Table aussi qui nous rend la II° dynastie presque
complète. L'identité des trois premiers noms (n°ˢ 56, 55, 54) est inattaquable. Il en est de même de la leçon Οὔτνας pour *Out'a-nesa*
(n° 53). *Sent* et *Nefer-ké-Ra* (n°ˢ 52, 51) pour Σεθένης et Νεφερχέρης
sont également à l'abri de toute critique. Six noms sur neuf assurent
ainsi la véracité de la liste de Manéthon. Quant au Papyrus de
Turin, malgré ses mutilations, il confirme de la manière la plus heureuse l'arrangement de ces rois. La transcription hiéroglyphique des
quatre derniers noms du fragment n° 20, donne, en effet :

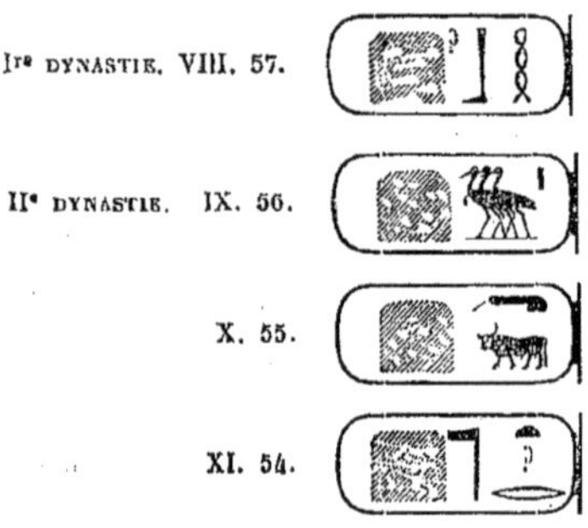

et, par conséquent, la concordance entre les trois listes est aussi parfaite que possible.

A la III° dynastie, moyennant une transposition du cartouche
n° 45 de la Table, l'accord est de nouveau satisfaisant entre le Papyrus
(Fr. 18) et la Table (de 50 à 46) ; mais trois cartouches (49, 48, 45)
nous empêchent de faire concorder ces deux listes avec Manéthon.
Le premier, malgré l'aide que nous prête la forme hiératique donnée
par le Papyrus, est difficile à restituer : on lit encore cependant les
restes du groupe ⟨⟩ (dans le Papyrus ⟨⟩). Le
second, *Bebi*, ne se retrouverait dans Manéthon qu'en faisant violence au texte et en substituant Βούβις à Τύρις. Le troisième, *Neb-ké-Ra*,
moins défiguré peut-être dans la liste du prêtre égyptien, devrait

y être introduit sous la forme Νέχωφρις. A l'aide de ces corrections, la iii⁰ dynastie serait donc aussi clairement établie que la ii⁰ dynastie dans les documents que nous comparons. Quant à *Heni* et à *Snefrou* (44, 43), leur identification avec Ἄχης et Σήφουρις est certaine. Dans

la nasale étant facilement omise (ce que prouve la fréquence de la forme  *Hi, frapper, broyer*), *Heni* ou *Ah[n]i* est le correspondant très-correct d'Ἄχης. Il en est de même de *Snefrou*, qui ne peut être rendu plus régulièrement que par Σήφουρις. *Heni* et *Snefrou* sont cités, d'ailleurs, dans ce même ordre, sur le papyrus Prisse, qui mentionne la mort du premier et son remplacement par le second. Aux neuf rois qui, dans Manéthon, composent la iii⁰ dynastie, répondent donc sur la Table huit cartouches; trois d'entre eux sont seuls d'une attribution douteuse.

Nous arrivons à la iv⁰ dynastie, qui compte huit rois dans Manéthon, et huit rois sur la Table.

On remarquera que la Table met entre *Khoufou* (n° 42) et *Schafra* (n° 40) un *Ra-tet-ef* (n° 41) que Manéthon, sous la forme Ῥατοίσης, place deux rangs plus bas (xxxi). Nous avons trop l'habitude de voir rangés sur la même ligne les trois fondateurs des grandes pyramides, Chéops, Chéphren et Mycérinus, pour que l'interversion de leurs noms dans la Table ne soit pas une erreur du rédacteur de ce monument.

Une difficulté se présente pour le nom propre Σῶρις placé par Manéthon en tête de la iv⁰ dynastie (xxvii). J'ai trouvé aux grandes pyramides la tombe d'une princesse qui, après avoir été *grande favorite* dans le harem des rois *Snefrou* (n° 43) et *Khoufou* (n° 42), fut encore attachée à la maison civile de *Schafra* (n° 40). La Table de Saqqarah a donc raison d'enregistrer *Snefrou* et *Khoufou* comme successifs. Manéthon, au contraire, place entre eux deux règnes, ceux de Κερφέρης et de Σῶρις (xxvi, xxvii). Par la chute de l'*n* et l'adoucissement de la demi-voyelle *f* (*w*), *Snefrou* ne serait-il pas plutôt le Σῶρις de Manéthon? Mais alors comment concilier le Papyrus Prisse et la Tombe des pyramides? Celle-ci met en contact immédiat les trois noms *Snefrou, Khoufou* et *Schafra;* mais l'autre, par l'assimilation de *Heni* à Ἄχης, nous force à reporter *Snefrou* jusqu'à Σήφουρις. L'erreur est-elle du côté de Manéthon? Y eut-il deux *Snefrou?* ou bien Manéthon a-t-il copié sa iii⁰ dynastie dans un document où le *Snefrou* des hiéroglyphes figure comme l'avant-dernier roi de la famille, et sa iv⁰ dynastie dans un autre document qui ferait du même *Snefrou* le premier de cette série? Je ne saurais le dire. La difficulté reste pendante.

Dans les cartouches de cette époque que la Table ne cite pas, je ne trouve pas d'ailleurs les éléments d'une attribution satisfaisante de quatre noms propres perdus (n°s 35 à 38). Mycérinus seul est certain. Quant à Βίχερις, Σεϐερχέρης et Θαμφθίς, leur tournure est franchement égyptienne, et c'est précisément là ce qui autorise à affirmer que ces noms propres ne sont pas les transcriptions grecques de noms hiéro-glyphiques jusqu'à présent connus, du moins parmi les rois de l'an-cien empire. Le premier, Βίχερις, est probablement quelque *Ba-ké-Ra* encore à trouver. Notre cartouche n° **22** (*Sebek-ké-Ra*) reproduit exactement les éléments de Σεϐερχέρης. Quant au troisième, peut-être plus défiguré que les autres, on y reconnaît soit le nom de Phtah, soit même (en enlevant le θ initial) le nom de ce roi *I-m-hotep* ('Αμφθίς comme 'Αμένωφθις pour *Amen-hotep*), classé par M. Lepsius dans la vi^e dynastie.

La Table et Manéthon comptent également huit rois dans la ive dynastie. Mais les explications qui précèdent prouvent que cet accord n'est qu'apparent. Que *Snefrou* soit Σῶρις ou Σήφουρις, il n'y a pas moins dans la ive dynastie de Saqqarah un nom de plus que dans l'historien national.

Quant à la ve dynastie, la parfaite symétrie de nos deux autorités saute aux yeux ; Ῥατούρης seul manque à la série de Saqqarah. Par la loi du renversement, les autres s'appliquent à leur type hiérogly-phique avec une exactitude à laquelle Manéthon ne nous habitue pas toujours. Nul doute que Χέρης (xxxix) ne soit une faute pour Νεφερχέρης. La ve dynastie, à un nom près, est donc rendue tout en-tière à nos études.

La Table de Saqqarah nous est maintenant connue dans son ensem-ble. Si elle a déjà, sur d'autres monuments du même genre, l'avan-tage d'être plus complète, elle l'emporte aussi sur eux par la clarté de sa composition, qui permet d'en mettre aisément chaque partie à sa place ; surtout elle est précieuse pour nous parce qu'elle se prête en de plus fréquentes occasions à d'heureux rapprochements avec Manéthon. Là réside, en effet, l'intérêt général de la Table de Saqqa-rah. Confrontée avec Manéthon, elle nous fait voir que cet historien a puisé aux sources vraiment égyptiennes. Ce fait capital pour l'appréciation de l'œuvre de Manéthon ressort de la seule compa-raison des deux listes. Le parallélisme y est constant. Là où le prêtre égyptien énumère des dynasties qui ont le plus mérité d'être citées, la Table met en avant des rois de ces dynasties ; là où, aux époques de défaillance, Manéthon se tait, la Table se tait également, ou plutôt n'accorde à ces périodes obscures qu'une bien moindre attention. Que l'on cherche à expliquer la Table de Saqqarah par Hérodote ou Diodore, et on aura une idée de la différence qu'il faut mettre entre Manéthon, parlant pour nous la langue des sanctuaires, et les écrivains de la tradition classique, qui nous égarent plus qu'ils ne nous servent.

Du reste, nous devons savoir d'autant plus gré à la Table de Saqqarah des services qu'elle nous rend, qu'elle aurait pu, sans cesser d'être fidèle à son caractère principal, être tout aussi inutile pour nous qu'elle est fructueuse. N'oublions pas, en effet, que la Table de Saqqarah est avant tout funéraire. Tounar-i est admis dans la société des rois de la haute et de la basse Égypte qui accordent au défunt les biens qu'on souhaite pour lui : l'intention générale du moment ne va pas au delà. En convoquant des rois à une cérémonie funèbre, ce n'est pas l'histoire qu'on a eue en vue. Aussi aurait-on tort de considérer ces listes royales dont les musées s'enrichissent peu à peu comme des cadres d'histoire inflexibles. Plus, dans les listes de ce genre, les rois sont nombreux, plus il y a chance qu'ils y soient un peu pêle-mêle, plus nous devons être à chaque pas en garde contre les surprises. Outre qu'on y trouve nécessairement des lacunes, il peut se faire que les rois ne soient pas toujours disposés dans leur ordre chronologique. Il peut arriver aussi que le plan des séries adoptées manque tellement d'unité que les rois aient été choisis, ici pour l'illustration de leur nom, plus loin pour quelque lien généalogique qui les unit au souverain régnant. Bien plus, j'oserai dire qu'il n'est point indispensable que tous ces rois se retrouvent dans le canon de Manéthon, même si Manéthon avait partout nommé les rois qui composent ses dynasties. Comme nous l'avons vu, l'Égypte a été, plus souvent peut-être que nous ne le pensons, partagée en plusieurs dynasties contemporaines. Or, les prêtres chargés de la rédaction des annales composant la série régulière et successive des rois d'Égypte, n'avaient pas à hésiter sur la méthode à suivre : l'unité du territoire égyptien d'Éléphantine à la mer impose à l'histoire d'Égypte une unité que ne possèdent pas les annales des autres nations, et au milieu de tous les prétendants qui, d'un commun accord ou les armes à la main, se sont, en divers temps, partagé les rives du Nil, il a été nécessaire de faire un choix, de prendre parti pour l'un ou pour l'autre, et de passer le vaincu sous silence. L'histoire d'Égypte a été ainsi toujours ramenée à une ligne unique, de rois qui étaient considérés comme les souverains du pays, et s'appelaient les rois de la haute et de la basse Égypte, même quand ils ne l'étaient pas. Mais, quoique ne figurant pas dans les listes officielles, les prétendants exclus n'en auraient pas moins régné quelque part, et il n'est pas impossible qu'en certain temps et en certains lieux on ait tenu à évoquer leur souvenir. Qui nous dit, d'un autre côté, que les rois proclamés légitimes par les contemporains de Ramsès II ne furent pas traités en usurpateurs, mille ans plus tard, par les contemporains de Philadelphe? qui nous dit que, selon les localités et les idées politiques du moment, les annales égyptiennes elles-mêmes n'ont point varié? A la rigueur, si officiels qu'ils soient, deux tableaux des dynasties peuvent donc ne pas avoir une rédaction identique. C'est ainsi, par exemple, que *Ser* (n° 47) sera sur le Papyrus de Turin (Fr. 18) le chef d'une famille, et le cinquième roi d'une dynastie dans Manéthon. De la simultanéité de plusieurs dynasties et de la nécessité de faire un choix entre elles, il s'ensuit donc que tous les rois que les monuments nous révèlent peuvent ne pas être dans Manéthon, surtout quand ces monuments sont comme la Table de Saqqarah, de ceux qui ne visent pas directement à l'histoire. Accorder une foi trop aveugle aux tableaux du genre de celui dont nous nous occupons, serait, par conséquent, nous exposer à mille périls. A première vue, ces longues files de cartouches semblent capables de nous rendre à elles seules l'histoire de toute une monarchie; mais, en les examinant de près, on voit que l'on commettrait une faute si, de leur apparente richesse, on concluait que nécesssairement elles vont nous servir à placer une pierre inébranlable dans les fondements de la chronologie.

C'est parce qu'elle échappe en partie à ces reproches, c'est parce que, tout en pouvant faire autrement sans faillir à son but, elle n'a pas défiguré les éléments précieux dont elle s'est servie, que la Table de Saqqarah est un monument exceptionnel. Par elle, en effet, nous pénétrons, pour la première fois, d'un pas assuré dans les dix premières dynasties de Manéthon, jusqu'ici si confuses. Là est la véritable obligation que nous lui devons.

Boulaq, 20 mai 1864.

Paris. — Impr. de PILLET, aîné, rue des Grands-Augustins, 5.

REVUE ARCHÉOLOGIQUE, 1866.

LA NOUVELLE TABLE D'ABYDOS.

NOUVELLE TABLE

D'ABYDOS

Extrait de la *Revue Archéologique*

J'envoie au directeur de la *Revue* la copie du monument que les fouilles dirigées par moi dans l'intérieur du grand temple d'Abydos ont mis au jour. Cette copie a été faite sur une photographie prise d'après un estampage en papier. Elle offre, par conséquent, toute garantie d'exactitude.

On sait que le déblaiement du grand temple d'Abydos est commencé depuis plusieurs années.

Quand je l'entrepris, ma pensée était de rendre à nos études un édifice déjà fameux dans l'antiquité, et par conséquent plein de promesses pour la science.

Une autre espérance me poussait. Osiris, disais-je à ce moment, est le type et le sauveur de l'homme; à sa mort chaque homme devient un Osiris. N'est-ce pas là une raison suffisante pour qu'il se trouve, dans le grand temple d'Abydos, une liste de rois analogue à celle qui a été trouvée dans le petit? Ces deux temples sont en effet consacrés à Osiris, l'un par Séti Ier, l'autre par Ramsès II. Mais les rois défunts sont des Osiris eux-mêmes. Quoi de plus naturel alors que de voir Ramsès et Séti évoquant, dans des sanctuaires où Osiris est adoré sous toutes les formes, le souvenir de leurs aïeux morts, devenus des Osiris? La pensée de débarrasser un des plus intéressants édifices de l'Égypte des sables qui l'obstruaient n'était donc pas mon seul mobile quand je me décidais à entreprendre le déblaiement du grand temple d'Abydos : dans mon programme des fouilles entrait aussi l'espérance, scientifiquement raisonnée, de découvrir quelque part sous ces mêmes sables une autre série de cartouches. Nous ver-

rons tout à l'heure que ce raisonnement n'a pas trouvé son application et que les motifs d'érection de la Table ne sont pas précisément ceux que je croyais alors apercevoir; mais pour l'époque il avait sa valeur, et en tous cas c'est à lui que nous devons le précieux monument dont les lecteurs de la *Revue* ont la copie entre les mains.

La nouvelle Table d'Abydos fait partie de la décoration d'un couloir situé sur l'un des côtés du grand temple de cette ville. Etroit et ouvert par les deux bouts, ce couloir ne se compose à proprement parler que du plafond et des deux parois latérales.

1° *Le plafond.* — Le plafond est décoré d'un semis d'étoiles et de cartouches symétriquement disposés. Une bande longitudinale d'hiéroglyphes coupe le motif en deux parties. On y lit : « L'Aroëris, le « taureau qui apparaît dans la Thébaïde pour faire vivre la Haute et la « Basse-Egypte, le maître des diadèmes, le revivificateur, etc... Séti; « il a fait (ceci) en fondation à ses pères et au cycle des dieux, aux « maîtres du ciel et de la terre qui résident dans le *Ra-men-ma* (nom « du temple); il leur a fait cet adytum auguste, et les deux portes « (dédiées) au seigneur de Toser, les construisant de pierres travail- « lées d'or en construction deux fois durable pour l'éternité, sculp- « tant leurs (figures?), taillant leurs formes ( ) pour les « réunir dans son temple, afin qu'ils reçoivent les dons et les of- « frandes précieuses qu'il leur a consacrés,.... etc. »

La signification générale de cette inscription ne peut faire l'objet d'un doute. Séti mentionne les maîtres du ciel et de la terre. Les maîtres du ciel sont les dieux en présence desquels nous allons le voir accomplissant les cérémonies que lui-même a prescrites. Les rois ses ancêtres sont ceux qu'il appelle les maîtres de la terre. Quant aux figures qu'il fait sculpter, ce sont précisément les cartouches, considérés comme les formes dans lesquelles les pharaons prennent une sorte de corps. On trouve au temple de Karnak, sur une frise qui avoisine le lieu d'où la salle des Ancêtres a été enlevée, une inscription rédigée dans le même sens : « Le vivant Horus, le « taureau puissant dans la Thébaïde, Thoutmès III...; il a fait (ceci) « en fondation à son père Ammon; et Sa Majesté a ordonné d'établir « les noms de ses pères, de faire prospérer leurs offrandes, de sculp- « ter leurs images et leurs formes, leur établissant leurs offrandes à « nouveau plus que... (détruit). » La légende gravée au plafond du couloir d'Abydos est donc une dédicace commune à toutes les représentations qui chargent les parois de ce couloir. Séti avait fondé dans le temple un service d'offrandes à faire à certains dieux, et aussi à certains rois. Toutes les scènes que nous allons étudier sont destinées à conserver le souvenir de ces fondations pieuses.

2° *La paroi gauche.* — La paroi gauche est divisée en quatre scènes. La première, la deuxième et la quatrième sont des hommages à Ammon, à Horus et à Osiris, et ne méritent pas de fixer notre attention. La troisième, plus développée, est disposée de manière à faire pendant à la liste des rois, placée en face. Séti et le prince Ramsès y sont représentés debout. Devant eux est un grand tableau quadrillé que surmonte comme une frise une ligne horizontale de texte. Entre les lignes sont gravés 130 noms propres de divinités, accompagnés des noms des lieux où ces divinités étaient plus particulièrement adorées.

La légende qui accompagne la figure de Séti explique la scène. On y lit : « Paroles du roi, etc. : une double purification est faite à « Phtah-Sokar-Osiris de l'Amenti, celui qui réside dans le *Ra-men-* « *ma,* et au cycle des dieux qui y sont avec lui, ainsi qu'à Armachis, « et au grand cycle et au petit cycle des divinités des lieux du Nord « et du Sud... » C'est là, malheureusement, une manière assez vague d'introduire les 130 noms divins auxquels ces paroles se rapportent. Il faut espérer cependant qu'une étude approfondie de cet intéressant sujet donnera quelques résultats dont la géographie religieuse de l'Egypte pourra s'enrichir.

Quant à l'inscription horizontale qui sert de frise à ce même tableau, elle ne paraît se rattacher que d'une manière indirecte à la représentation qu'elle surmonte. En voici la traduction : « Proscy- « nème à Phtah-Sokar-Osiris, celui qui habite l'Amenti, celui qui « réside dans le *Ra-men-ma,* et à tous les dieux de son cycle par le « roi Séti. Viens à moi, Phtah-Sokar-Osiris qui résides dans le « *Ra-men-ma,* mystère divin des divinités, et je viens à toi, dont les « adorations sont le mystère divin des divinités. Viens à moi, toi « Phtah-Sokar-Osiris, mystère divin des divinités, à moi le roi Séti, « auquel ta majesté n'est point inconnue ; (viens) en ton jour de fête, « afin que cette nourriture que je t'offre en pains et en breuvages « soit à toi. Le nombre des victimes immolées en quadrupèdes et en « oiseaux se compte par millions, par centaines de mille, par mille « et par cent. On l'a rempli ta maison en toute espèce de bonnes choses « choisies..... (Ici quelques mots difficiles à traduire.) »

3° *La paroi droite.* — La division de la paroi droite en tableaux est analogue à celle de la paroi gauche. Au milieu de scènes d'adoration d'un intérêt médiocre figure le tableau d'hommage aux rois.

Séti Ier est dans son costume de cérémonie. Il tient la cassolette à parfums dans la main gauche. Le prince que l'histoire connaîtra plus tard sous le nom de Ramsès II est avec lui, présentant ces deux rouleaux de papyrus :

« Discours du roi Ra-men-ma, dit le texte gravé auprès de l'image « royale. La divinité se présente pour (recevoir) ses offrandes. Une « oblation est faite aux rois de la Haute et de la Basse-Egypte. Salut « à toi, Phtah-Sokar-Osiris. Viens, que je te fasse ce qu'a fait Horus « à son père Osiris. »

On lit à côté de Ramsès : « L'hymne d'adoration est récité par « l'héritier, le premier fils du roi (issu) de son flanc, Ramsès, le dit « juste. »

Viennent ensuite *soixante-seize* rois (y compris Séti s'adorant lui-même) rangés sur deux lignes. Un texte horizontal surmonte la scène : « Proscynème à Phtah-Sokar-Osiris, seigneur de *Schati* qui réside « dans le *Ra-men-ma*. Une oblation est faite aux rois de la Haute et « de la Basse-Egypte, par le roi Séti. Une multitude de pains, de « breuvages, de bestiaux, de volailles, de parfums, d'huiles, de vê- « tements, de bandelettes, de vins, d'offrandes sacrées, est donnée de « la part du roi Séti (ici l'inscription, d'horizontale qu'elle était, de- « vient verticale) au roi Mena, au roi Teta, au roi Ateta, au roi Ata, « au roi Hesep-ti, au roi Meri-ba, etc., etc., de la part du roi Séti. »

Mille ans plus tard, les membres du corps sacerdotal assemblés à Memphis décréteront l'exécution d'un tableau à graver sur les murs des temples et représentant Ptolémée Epiphane en présence d'un dieu qui lui offre l'arme de la victoire. En face de ce bas-relief les prêtres auront des cérémonies à accomplir. Des sacrifices, des libations, des rites de toute nature avec les offrandes ordinaires des pains, devront être célébrés. Le Monument d'Abydos a été érigé sous l'empire d'une idée analogue. Il est le résultat d'un décret, non des prêtres, mais du roi. Séti, pour des motifs que nous ne connaissons pas encore, a voulu honorer par des offrandes à la manière égyptienne un certain nombre de rois. Je ne doute pas qu'aux dates prescrites, tant que la volonté royale a eu son effet, les prêtres ne soient venus au pied de la table accomplir les cérémonies ordonnées.

Les soixante-quinze rois se répartissent du reste dans les dynasties de Manéthon de la manière suivante :

1ʳᵉ DYNASTIE. — Les huit premiers cartouches appartiennent à la première dynastie. La lecture des numéros 1, 2, 3, 4 et 8 n'est pas douteuse. Les numéros 5, 6 et 7 demandent seuls des explications.

Le numéro 5 se lit *Hesep-ti* (avec la marque du duel). Le phoné-

tique de ▦ est, en effet, ⸢…⸣, ainsi que M. Brugsch l'a reconnu (1). Que *Hesep-ti* soit le type de l'Οὐσαφάϊδος de Manéthon, c'est,
je crois, ce qui n'est pas contestable. Οὐσαφάϊδος figure au papyrus de

Turin (fragm. 48) sous cette forme ⸢…⸣, mécon-

nue jusqu'ici.

Le numéro 6 est le *Meri-ba-pen* de la table de Saqqarah. M. Devéria, prenant le dernier signe pour ▪, l'a lu *Mer-baʻ-pu* (2). En
étudiant de près l'original, il semble cependant que le graveur ait
voulu faire, non ▪, mais ▨. Le signe ⸢…⸣ serait alors ici comme phonétique du mot ⸢…⸣, ou ⸢…⸣, qu'on trouve quel-
quefois accompagné du déterminatif ▨ (par exemple dans le nom
propre ⸢…⸣). La vraie lecture serait donc
Meri-ba, ou avec le ⌁ de Saqqarah, *Meri-en-ba*, ce qui donne
raison au Μιεϐαΐς d'Eusèbe. En tous cas, qu'on transcrive *Mer-baʻ-pu*,
Meri-ba-pen ou *Meri-ba*, nous n'avons pas moins ici affaire au
Μιεϐιδός de Manéthon.

Le numéro 7 est embarrassant. Par la coiffure et l'uræus, la tête du
personnage est celle d'un roi ; mais le sceptre appartiendrait plutôt
à un dieu. Quant à la longue robe flottante, elle rappelle le vête-
ment qui couvre le dieu qu'on appelle le plus souvent *Osiris-Tattou*,
mais qui se nomme aussi quelquefois *Osiris-Ounnefer*. Faut-il effec-
tivement voir ici une figure archaïque d'Ounnefer, et le cartouche
qui se lit ainsi doit-il être transposé deux rangs plus haut et corres-
pond-il à l'Οὐενέφης de Manéthon ? Je l'ignore.

En résumé, la 1re dynastie de la table, comparée aux listes de Manéthon, s'établit de cette manière :

I. * Μήνης.	1. Mena.
II. * Ἀθωθις.	2. Teta.
III. Κενχένης.	3. Ateta.
IV. Οὐενέφης.	4. Ata.
V. * Οὐσαφάϊδος.	5. Hesep-ti.
VI. * Μιεϐιδός.	6. Meri-ba.
VII. Σεμέμψης.	7. Phonétique inconnu.
VIII. * [Κ]ουϐιενθὴς.	8. Kebeh.

(1) *Géographie*, t. I, pl. 2, n° 106.
(2) *Revue archéologique*, janvier 1865.

Ainsi cette dynastie compte huit rois de chaque côté. Cinq d'entre eux, ceux que je marque d'un astérisque, sont communs aux deux listes. Pour les autres (que pour plus de clarté j'isole des premiers), le monument d'Abydos semble avoir fait un choix, et l'historien national semble en avoir fait un autre.

Le système des rois collatéraux explique ces écarts des deux listes. J'ai déjà développé autre part quelques-unes des vues relatives à cet objet, et j'y reviens pour les mieux préciser. Personne ne peut admettre que, durant la longue durée de son histoire, l'Égypte n'ait pas subi quelques révolutions. Des divisions intestines, des compétitions, ont certainement fait naître dans son sein des royautés partielles. Une monarchie qui, pendant plus de quatre mille ans, aurait coulé sans dérivation d'aucune sorte dans un lit unique, est impossible. Sans parler des branches perdues, il a dû se former dans cette interminable suite de siècles comme des bras divergents qui ont tardé plus ou moins longtemps à se réunir de nouveau et à se confondre. De là, suivant les temps et suivant les lieux, plusieurs façons de comprendre la même période de l'histoire égyptienne. Les royautés partielles adoptées par les uns ont été rejetées par les autres; une époque les a proclamées légitimes, une autre usurpatrices. Quand je vois deux autorités, aussi considérables que celles en présence desquelles nous nous trouvons, rayonner dans deux directions différentes, je considère donc que chacune d'elles a envisagé les événements de son point de vue. Arrivées toutes deux à une bifurcation de la série des rois, l'une a choisi de prendre à droite, la gauche a paru à l'autre le chemin véritable.

Ces remarques donnent la clef de l'histoire non-seulement de la 1re dynastie, mais des dix suivantes. L'ancien empire offre en effet cette particularité que Manéthon et les monuments y semblent, plus fréquemment qu'ailleurs, en désaccord. Des cartouches dont le classement à deux ou trois règnes près est certain n'ont cependant aucune place dans les dynasties de l'historien national. Ce qu'il faut conclure de là, c'est que l'unité de la monarchie fondée par Ménès ne s'est pas faite en un jour. Avant Ménès, l'Égypte obéissait à des rois partiels et indépendants, dont quelques traces confuses sont venues jusqu'à nous. Elle paraît s'en être souvenue, de temps à autre, toutes les fois que des pharaons puissants, comme les Snéfrou, les Chéops, les Chéphren, les Apappus, ne se sont pas imposés au pays tout entier. Là est le mot de toutes ces énigmes qu'on rencontre presque à chaque pas en étudiant les ruines des monuments de l'Ancien Empire, Manéthon à la main. Ménès et Athothis, par exemple, règnent successivement seuls. Après eux, Ateta et Ata montent sur le trône en une partie inconnue de l'Egypte (à Abydos peut-être), tandis que Kenkenès et Ouénéphès gouvernent autre part. Tel est le spectacle que l'Égypte nous donne sous la Ire dynastie, et qu'elle nous donnera jusqu'à la XIIe. L'empire est fondé, mais il n'arrive pas du premier coup à son assiette définitive. Il y eut des tâtonnements, des hésitations, des retours vers le passé qui prouvent un état de choses encore imparfait. Ainsi envisagée, l'Égypte des plus anciennes dynasties n'apparaît plus dans l'histoire du monde comme un phénomène difficile à expliquer. A des hauteurs si éloignées de nous que nous ne pouvons même pas soupçonner ce que pouvait être à ce moment le reste de la terre, nous ne rencontrons plus qu'une monarchie en pleine floraison et déjà si savamment organisée qu'elle s'étend fièrement dans son indissoluble unité de la Méditerranée aux Cataractes. Quant à Manéthon, il a vu clair dans toutes ces obscurités. Il a connu Ateta et Ata ; mais, pour des motifs que nous ignorerons probablement toujours, il leur a préféré Kenkénès et Ouénéphès. Pour lui, les rois qui ont successivement occupé le trône de Ménès sont ceux qu'il nomme. En dehors de ceux-ci, il n'y a que des compétiteurs qui peuvent bien avoir laissé leurs noms sur les monuments, qui ont même régné avec un certain éclat, mais qui n'ont pas été rois d'Égypte.

IIe DYNASTIE. — Les numéros 9, 10, 11, 12 et 13 appartiennent à la IIe dynastie. La lecture de ces cinq cartouches ne donne lieu qu'à une seule observation. Le cartouche numéro 12 est rendu sur

la table de Saqqarah par [cartouche] ; ici nous lisons

[cartouche]. Le phonétique [signe], *nes*, a donc pris dans l'un la

place de *la langue* [signe] dans l'autre.

La confusion du N et du L s'observe fréquemment dans les langues, et particulièrement, selon M. de Rougé, dans le passage du [signe] antique au Ⲗ copte. Nous en avons ici un bon exemple. Au thème hiéroglyphique [signe], *nes* correspond en effet le copte ⲖⲀⲤ *lingua* (conf. l'arabe لِسَان qui a le même sens), ce qui justifie la transcription Τλᾶς adoptée par Manéthon.

La deuxième dynastie, qui n'a que cinq rois à Abydos, en a neuf dans Manéthon. La comparaison des deux listes s'établit ainsi :

I. * Βοηθὸς.	9. Bet'ou.
II. * Καιέχως.	10. Kéké-ou.
III. * Βίνωθρις.	11. Ba-neter-ou.
IV. * Τλᾶς.	12. Out'a'-nes.
V. * Σεθένης.	13. Sent.
VI. Χαίρης.	
VII. Νεφερχέρης.	
VIII. Σέσωχρις.	
IX. Χενερὴς.	

La concordance des cinq premiers noms est parfaite. *Bet'ou* d'Abydos rend mieux que *Ba-ou-neter* de Saqqarah le Βοηθὸς de Manéthon. Les numéros VI, VII, VIII, IX n'ont pas de correspondants sur la table. Mais Saqqarah nous fait retrouver le thème antique de Νεφερχέρης (n° VII). Après *Sent* (n° 13), le papyrus de Turin donne un cartouche difficile à lire, ainsi écrit ⟦𓉐𓈖𓇌𓏏⟧ . Il est douteux que ce cartouche soit le type du Χαίρης (n° VI) de Manéthon (1).

IIIe DYNASTIE. — La IIIe dynastie de la table n'est encore qu'un extrait de la liste des rois de cette famille. On s'en convaincra en jetant les yeux sur ce tableau :

I. Νεχερωφὴς.	
II. Τόσορθρος.	
III. * Τύρις.	14. T'at'i.
IV. * Μέσωχρις.	15. Neb-ké.
V. * Σώϋφις.	16. Ser-sa.
VI. * Τοσέρτοσις.	17. Teta.
VII. Ἄχης.	18. Set'es.
VIII. Σήφουρις.	
IX. * [Νε]κερφέρης.	19. Nefer-ké-ra.

La table a omis les deux premiers rois de cette dynastie, comme elle avait passé sous silence les quatre derniers de la dynastie précédente. La table saute donc par dessus six règnes entiers.

L'accord se renoue à *T'at'i*, que Manéthon transcrit Τύρις. L'articulation deux fois employée dans *T'at'i* est celle que les Grecs ont le plus souvent rendue par un T, par exemple dans Τάνις, Ταχὼς, Τλᾶς, etc., ou par un Θ, comme dans Βοηθὸς. *T'at'i* sera donc un de ces noms que les auteurs et les papyrus écrivent Τατὰς, Τάτι, Τιθόης, Τόθης,

---

(1) A moins qu'on ne puisse le transcrire ⟦𓂋𓊨𓏏⟧, *Rès-ké*, ou *Ka-rès*, nom propre dont je connais un autre exemple sur une belle stèle des grandes pyramides.

Τοτόης, Θούτεος, etc. Manéthon, comme nous venons de le voir, écrit Τύρις. Faut-il restituer Τύτις? Je le crois vraisemblable.

Mais ne vaudrait-il pas mieux considérer *T'at'i* comme une faute du graveur, et le remplacer par *Bebi*, nom souvent employé sous l'ancien empire et qui a, en outre, l'avantage de se trouver en cette même place à la fois sur la table de Saqqarah et sur le papyrus de Turin? Ces deux noms, à mon avis, appartiendraient plutôt à deux rois. Je sais que, sur la table de Saqqarah, une erreur de lapicide est loin d'être impossible; je sais que les deux tables ont été rédigées sur des originaux hiératiques, et que là où un graveur a lu ⬭, l'autre a pu lire ⬭ (le papyrus lui-même qui donne le cartouche ⬭ est-il d'ailleurs bien clair?). Mais *Bebi* est aussi régulier que *T'at'i*. Si ⬭ est le copte ⳈⲰⳈ, *caput*, le thème antique ⬭ avec le déterminatif des lieux est le prototype de ⲂⲎⲂ, *antrum*, *spelunca*, *fovea*, lequel s'est conservé jusqu'à nous dans *Bab*(-el-Molouk), appellation bilingue comme il s'en trouve assez souvent en Égypte, qui signifierait *spelunca regum* (1). Je ne vois donc aucun motif de proscrire *Bebi* au profit du roi de la table d'Abydos, et jusqu'à preuve du contraire nous regarderons ces deux princes comme des contemporains.

Les trois cartouches suivants (nᵒˢ 15, 16 et 17) offrent avec les cartouches correspondants de la table de Saqqarah et du papyrus des différences à remarquer. Ces différences nous prouvent que, dès une époque assez ancienne, puisqu'elle remonte au moins à la xixᵉ dynastie, les Égyptiens ne s'entendaient déjà plus sur l'orthographe

---

(1) Je crois que *Beb* ou *Biban-el-Molouk* vient plutôt du thème antique ⬭ que de ⬭, *P-ab-an*, qu'on trouve employé pour désigner certaines parties des temples. *P-ab-an* s'est conservé en copte sous la forme ⲠⲓⲂⲀⲚ, *palatium*, *aula*.

des noms de quelques-uns de leurs premiers rois. Ceux-ci n'avaient sans doute pas laissé de monuments contemporains, et leur souvenir vivait plutôt dans la tradition que dans les annales écrites. Malgré ces différences, je crois cependant que l'identité de ces trois cartouches et de ceux que le papyrus écrit *Neb-ké, Ser, Ser-teta*, est inattaquable. Le n° 15 seul pourrait ne pas être le *Ra-neb-ké* de Saqqarah. Si pourtant la leçon Νέχωφρις, au lieu de Μέσωχρις était adoptée,

l'identité des deux rois ⬭ et ⬭ serait certaine.

Le cartouche n° 18 qui suit ces trois noms est nouveau. Il tient la place d'Άχης et de Σήφουρις, que nomme également la table de Saqqarah. Nous avons donc d'un côté *Set·es* avec la table d'Abydos, de l'autre Άχης et Σήφουρις avec Manéthon et le monument que je viens de nommer. C'est une nouvelle bifurcation de règnes à enrègistrer. La table de Saqqarah et le papyrus Prisse ne sont pas, du reste, les seules listes qui nous aient conservé les noms d'Άχης et de Σήφουρις. Ces rois se retrouvent également sur le papyrus de Turin (fr. 31).

Le nom du dernier roi de la dynastie se lit Κερφέρης dans Manéthon. Mais le cartouche n° 19 (*nefer-ké-ra*) autorise la leçon Νεφερχέρης que devait porter le texte original.

IVe DYNASTIE. — D'après la table de Saqqarah, la ive dynastie aurait eu neuf rois. Nous en comptons huit dans Manéthon, et six sur la table d'Abydos. Mettons en présence, comme nous l'avons fait précédemment, ces deux dernières autorités :

I. * Σῶρις.	20. Snefrou.
II. * Σοῦφις.	21. Khoufou.
III. * Ῥατοίσης.	22. Ra-tet-ef.
IV. * Σοῦφις.	23. Ra-scha-f.
V. * Μενχέρης.	24. Ra-men-ké-ou.
VI. Βίχερις.	25. Asoskef.
VII. Σεβερχέρης.	
VIII. Θάμφθις.	

Remarquons que, comme à Saqqarah, *Ra-tet-ef* (n° 22) est entre Khoufou et Schafra. Cette persistance des monuments fait penser que son correspondant Ῥατοίσης (n° V) n'est pas à sa place dans Manéthon. Le règne de ce prince aura probablement été de courte durée.

J'ai déjà eu occasion de citer une princesse qui passa successivement dans les harems des trois rois Snefrou, Khoufou et Schafra. Si ce Snefrou était celui que Manéthon appelle Σήφουρις, et qu'il place (d'accord avec la table de Saqqarah) à l'avant-dernier règne de la dynastie précédente, il s'ensuivrait que notre princesse aurait vécu sous Séphouris, Népherchérès, Sôris, Souphis Ier, Ratoïsis et Souphis II. A la rigueur, ce fait n'est pas impossible. J'aimerais mieux cependant voir dans Σήφουρις un Snefrou Ier, et dans le Snefrou de la table d'Abydos (n° 20) un second prince du même nom, appelé cette fois Σῶρις par l'historien national. Confondre ces deux rois n'est plus admissible depuis qu'au témoignage de la table d'Abydos, combiné avec celui de la table de Saqqarah, nous avons un Népherchérès à placer entre eux.

La IVe dynastie d'Abydos se termine par *Aseskef* (n° 25). Aseskef n'a pas de correspondant dans les listes manéthoniennes. Il fut cependant le successeur de Mycérinus (n° 24). C'est ce que prouvent quelques lignes d'une courte biographie écrite sur les murs de l'un des tombeaux de la nécropole de Saqqarah. Un fonctionnaire nommé *Phtah-assis* raconte que, sous Mycérinus, il était petit enfant; qu'étant jeune homme il fut distingué plus qu'aucun autre par le roi Aseskef; que celui-ci lui donna sa fille *Matscha* en mariage, etc.

Ve DYNASTIE. — L'étude de la ve dynastie présente des difficultés qu'il n'est pas facile de débrouiller.

C'est un fait très-remarquable qu'à part un seul nom, la ve dynastie de la table de Saqqarah est exactement celle de Manéthon. Ajoutons-y *Ra-en-ouser*, qui, d'après la table d'Abydos, se place avant *Her-men-ké-ou* (n° 31), et la conformité des deux listes devient parfaite. Ainsi Οὐσερχέρης correspond à *Ouser-kef*, Σεφρής à *Sahou-ra*, Νεφερχέρης à *Nefer-ari-Ké-ra*, Σισίρης à *Ases-Ké-ra*, [Νεφερ]χέρης à *Nefer-scha-ra*, Ραθοῦρης à *Ra-n-ouser*, Μενχέρης à *Men-Ké-hor*, Ταυχέρης à *Tet-Ké-ra*, et enfin Ὄβνος à *Ounas*. Nous avons donc une v^e dynastie bien complète, qui a pour elle le double témoignage de la table de Saqqarah et de Manéthon.

Mais les tombes de la cinquième dynastie, si nombreuses encore à Saqqarah et aux grandes pyramides, nous prouvent qu'à cette même époque viennent des rois contemporains de ceux que nous venons de nommer, et qui ne sont cependant pas compris dans les listes précédentes. Je citerai *Kéka*, *Ra-nefer-ef*, que donne également la table d'Abydos (n°s 28, 29) et *Her-a-ké-ou*.

D'un autre côté remarquons que les noms d'*Ases-ké-ra* et de *Ra-scha-nefer* de la table de Saqqarah ne se sont jamais rencontrés parmi ces mêmes tombes.

Il y a donc là encore un choix intentionnel. On voit que sous les trois premiers princes de la dynastie, puis sous les quatre derniers, l'Égypte obéit à un sceptre unique. Mais le partage est évident sous la quatrième et la cinquième. Alors Σισίρης et Νεφερχέρης règnent en un lieu inconnu, pendant que Memphis est la capitale de *Kéka*, de *Ra-tet-ef* et d'*Her-a-ké-ou*.

En tous cas, la comparaison de Manéthon et de la série d'Abydos donne le résultat suivant :

I. * Οὐσερχέρης		26. Ouser-kef.
II. * Σέφρης.		27. Sahou-ra.
III. Νεφερχέρης.		28. Kéka.
IV. Σισίρης.		29. Ra-nefer-ef.
V. Χέρης.		
VI. * Ραθοῦρης.		30. Ra-en-ouser.
VII. * Μενχέρης.		31. Ra-men-ké-ou.
VIII. * Ταυχέρης.		32. Ra-tet-ké.
IX. * Ὄβνος.		33. Ounas.

L'identification assurée d'Ounas à Ὄβνος (v[e] dynastie), et celle non moins positive de *Seker-nefer-ké* de la table de Saqqarah et du papyrus au Νεχερωφὴς de Manéthon (voyez plus haut, iiie dynastie), donnent un vif intérêt à la découverte de M. de Horrack, signalée par M. Devéria. Selon M. de Horrack, le grand fragment 32 de Turin fait suite au grand fragment 18, et les deux fragments s'agencent de telle sorte que la première ligne de l'un continue la cinquième ligne de l'autre. Nous avons donc ainsi une colonne presque entière du papyrus. Or, de *Seker-nefer-ké*, qui commence cette colonne, à *Ounas*, qui la termine, on compte vingt-cinq cartouches. En d'autres termes, le papyrus de Turin attribue à l'époque qui dans Manéthon est représentée par les iiie, ive et v[e] dynasties, un total de vingt-cinq rois (1).

Ce résultat (autant du moins que l'ingénieux arrangement proposé par M. de Horrack ne sera point contesté) a certainement de quoi nous satisfaire. Là où le papyrus enregistre vingt-cinq noms, Manéthon en donne vingt-six, et tout au plus, si nous adoptons le neuvième cartouche que la table de Saqqarah nous invite à ajouter à la ive dynastie, irons-nous jusqu'à 27. Appuyés sur le quadruple témoignage du papyrus, des deux tables et de Manéthon, nous pouvons

---

(1) J'aurais voulu ne pas parler du papyrus de Turin sans citer le livre que M. Lauth a consacré à l'étude de ce document. Mais, au moment où j'écris ces lignes, je n'ai pas ce livre entre les mains, bien que depuis quelque temps déjà je l'aie demandé à Paris.

donc affirmer que le cadre de trois des plus anciennes dynasties nous est rendu; ce qui n'est pas une conquête médiocre.

Ne nous hâtons pourtant pas de conclure de là que, des quatre côtés, ce même cadre doive être rempli des mêmes noms. Quelques personnages illustres, comme Chéops, Chephren et Mycérinus, seront sans doute communs aux quatre listes; mais les points intermédiaires représentant des époques de moindre grandeur, pourront être flottants. En tous cas, quelques dissemblances que nous constations dans les détails, ce sera déjà un point énorme si dans les lignes principales il n'y a pas désaccord.

On aura remarqué que je n'ai pas parlé jusqu'ici de deux rois de la v⁰ dynastie dont les cartouches sont cependant d'occurrence très-fréquente dans les nécropoles de Memphis : il s'agit d'*An* et d'*Assa*. Mais *Assa* est le nom propre de *Ra-tet-ké*, et la pyramide ⚇ appartient en effet à ces deux noms. Quant à *An*, il est le même personnage que *Ra-en-ouser*. Le roi Osortasen I de la xıı⁰ dynastie fit élever à son ancêtre *An Ra-en-ouser* une statue que possède M. Bunsen. L'ancêtre est appelé dans la dédicace, non pas ⚇, père, mais

⚇ *tef as, le père auguste*, ou plutôt *le père ancien* (c'est ainsi, par exemple, qu'Isis a parmi tous ses titres celui de *As*, que les Grecs ont traduit παλαία). La statue de M. Bunsen est donc dédiée par Osortasen à l'un de ses aïeux. En vain objectera-t-on le titre

⚇, commun aux deux cartouches. C'est sous la v⁰ dynastie et très-vraisemblablement même sous *Ra-en-ouser* qu'apparaît pour la première fois le double cartouche, et à ce moment les préfixes royaux n'avaient pas encore la fixité qu'ils eurent plus tard. Je n'ai donc pas inséré dans le tableau qui précède *An* et *Assa*, parce que déjà ces deux rois y figurent sous leur autre nom.

VI⁰ DYNASTIE. — Admettons pour un instant que la vı⁰ dynastie de la table s'arrête au cartouche n° 40. Nous obtiendrons alors le tableau comparatif suivant :

I. Ὀθόης.	34.	Teta.
	35.	Ra-ouser-ké.
II. * Φιὸς.	36.	*Ra-meri* (nom propre *Pepi?*).
III. ? Μεθουσουφὶς.	37.	*Ra-meri-en* (nom propre *Mentou-hotep*, ou *Ment-em-saf?*).

IV. ? Φίωψ.   38. *Ra-nefer-ké* (nom propre *Pepi*?)
V. ? Μενθεσοῦφις. 39. (Ra-meri-en Ment-em-saf).
VI. ? Νίτωχρις.   40. (Neter-ké-ra).

Il est difficile de séparer *Teta* (n° 34) d'Ounas. Le premier de ces noms est aussi memphite que le second. Tous deux se rencontrent fréquemment associés sur les murs des tombes de Saqqarah.

Si nous comparons le nom donné à la pyramide de Teta à ceux des pyramides des quatre derniers rois de la v° dynastie, il devient évident que les princes auxquels ces monuments funéraires ont été destinés appartiennent à un même groupe et à une même époque :

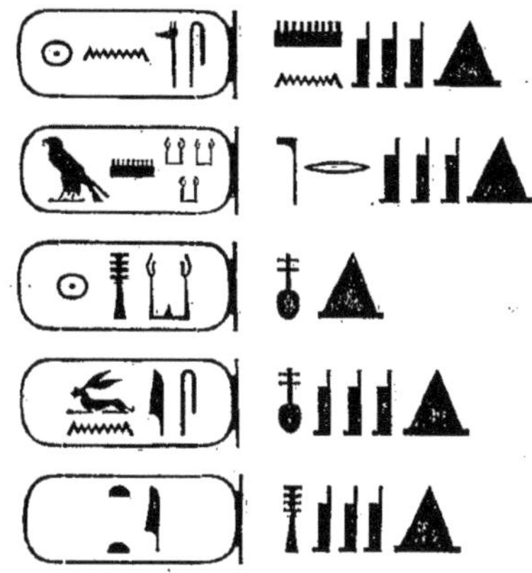

On ne peut donc se représenter Teta autrement que comme un roi qui fait de Memphis le siége principal de son empire, et qui y continue les traditions de la v° dynastie.

Manéthon paraît pourtant lui avoir préféré un autre roi dont le nom est ⟨▯⟩, *Ati*, et dont la pyramide s'appelait ⟨▯⟩ ▲, *Ati ba-ou*.

Ati est l'Ὀθόης des listes. Memphis ne l'a pas connu, ou au moins je n'ai jamais trouvé le nom d'Ati à Memphis. Comme les pyramides *Ra-meri men-nefer*, *Ra-meri-en scha-nefer*, *Ra-nefer-Ké men-ankh*, sa pyramide semblerait être une de celles qui s'élèvent vers le sud au delà du groupe memphite, dont la limite est à Daschour. Ati commencerait ainsi, pour Manéthon, la série de ces rois de la vi⁰ dynastie qui eurent une tendance si marquée à s'étendre au midi, et qui, les premiers peut-être, franchirent les cataractes pour aller porter la guerre jusque dans le royaume de Cousch.

Teta aurait eu pour successeur, selon la table, un roi inconnu jusqu'ici qui s'appelle *Ra-ouser-ké* (n° 35).

Ra-ouser-ké semble un nom de la v⁰ ou de la xi⁰ dynastie, égaré dans la vi⁰. Il n'y a pourtant pas ici d'erreur de lapicide à supposer. L'argument serait admissible s'il s'agissait de la table de Saqqarah, monument d'une exécution très-négligée. Mais ceux qui verront la table d'Abydos en place seront unanimes pour déclarer qu'une telle inadvertance y est impossible. Rien de plus fini, de plus soigné que la table. On y retrouve cette façon magistrale de traiter les hiéroglyphes qui éclate à chaque pas dans le temple d'Abydos, et qui avait déjà frappé Strabon d'admiration. Un seul de ces cartouches, où chaque caractère est pour ainsi dire un camée, a peut-être demandé un jour de travail à l'artiste qui l'exécutait, et il est évident que pendant ce temps une étourderie ne pourrait pas manquer d'être aperçue et corrigée. D'ailleurs, le motif de la table a été d'abord tracé en noir sur la pierre nue, puis corrigé en rouge, puis enfin sculpté par des mains qui n'étaient certes pas inhabiles. Pour cette fois je crois donc qu'il n'y a pas lieu d'accuser le graveur. Le roi *Ouser-Ké-ra* occupe bien son rang entre *Teta* et *Meri-ra*.

Mais cette circonstance ne rend que plus difficile à expliquer l'espèce de désaveu que la table d'Abydos inflige à toutes les autres listes. On connaît en astronomie des étoiles dites *informes*, parce qu'elles n'ont place dans aucune constellation. *Ra-ouser-ké* (avec *I-m-hotep*, en supposant qu'*I-m-hotep* soit un nom de roi, et que ce nom appartienne à la vi⁰ dynastie, ce qui est fort douteux) pourrait être pris au premier abord pour un de ces cartouches errants dont le classement dans la série des rois est toujours problématique. Toutefois, je le répète, il suffit que la table d'Abydos s'en porte garant pour que nous n'ayons pas de doute sur le rang chronologique à donner à ce prince. Si jusqu'ici *Ouser-Ké-ra* ne nous est connu que par un seul monument, nous ne devons l'attribuer qu'à l'obscurité de son rôle dans l'histoire de la vi⁰ dynastie.

Des difficultés que j'ai expliquées autre part (voy. le Mémoire sur la table de Saqqarah) nous empêchent de résoudre autrement que par des hypothèses les divers problèmes que font naître les trois noms suivants (n⁰ˢ 36, 37, 38). Je n'y reviens pas.

Les rois *Ra-meri-en Ment-em-saf* et *Neter-ké-ra* (n°s 39, 40) appartiennent-ils à la fin de la vi° dynastie, ou commencent-ils une des dynasties suivantes? Notre opinion est faite d'avance sur ce point, et nous savons tous que la Nitocris de Manéthon est inscrite au papyrus de Turin sous une forme qui laisse d'autant moins de prise au doute que, pour surcroît de démonstration, nous y trouvons même la marque du féminin. Nitocris est donc bien la *Net-aker* que M. de Rougé a été le premier à nous révéler. Je devais cependant, ne fût-ce qu'à titre de curiosité, faire remarquer que nos cartouches n°s 39 et 40, amenés par la table à une place qui correspond précisément à la fin de la vi° dynastie, peuvent se lire *Menthésouphis* et *Nitocris* comme les derniers noms de cette même famille dans Manéthon. En effet, écartons d'abord *Ra-meri-en* (n° 39), qui peut être le prénom et qu'en tout cas Manéthon n'aurait pas transcrit. L'oiseau qui suit se prononce ⸺, *ment*. *Ment* est le plus souvent le nom d'une *hirondelle* (*Todt*, 86). Dans les tombeaux de l'ancien empire on le rencontre quelquefois à côté de l'image de la *tourterelle* (*Denkm*. II, 70). Mais on le trouve aussi employé, comme ici, pour le nom d'une espèce d'*oie*, soit vivante (tombes de Saqq., *passim*; cf. *Denkm*. II, 25, 44), soit préparée pour figurer parmi les objets d'offrandes (*Denkm*. II, 35, 58, 68, etc.). Quant au *nœud* ⸺, il se prononce le plus souvent *sa*. Le nom entier se lira donc *Ment-em-sa-f*. Or, n'est-ce pas là, jusque dans ses moindres éléments, le nom royal que l'Africain écrit Μενθεσοῦφις? Notons, d'un autre côté, que le nom suivant, *Neter-ké-ra* (n° 40) reproduit non moins exactement le nom fameux de Nitocris. Il est donc bien singulier que la fin de la vi° dynastie ait un *Menthesouphis* et une *Nitocris* dans Manéthon, et sur la table un *Ment-em-sa-f* et un *Neter-ké-ra*. Ne tirons cependant pas de ce hasard une conclusion que le papyrus a démentie d'avance. Le *Menthesouphis* de l'Africain est probablement un *Ment-em-sa-f*, à moins qu'il ne soit un *Mentou-hotep*. Mais *Nitocris* ne vient pas de *Neter-ké-ra*. C'est dire que les cartouches n°s 39 et 40 appartiennent à une autre dynastie que la vi°.

VII° DYNASTIE ET SUIVANTES. — Elles occupent toute la seconde rangée, c'est-à-dire 38 cartouches, y compris celui de Séthos, qui termine la liste.

De ces 38 cartouches, le premier suit immédiatement la vi° dynastie, et le dix-neuvième appartient à un roi, déjà bien connu, de la xi°. Du n° 39 au n° 57 sont donc rangés les 18 rois de la table qui se placent entre les familles royales que je viens de nommer.

Mais ces 18 rois sont-ils Memphites (viie et viiie dynastie), ou Héracléopolitains (ixe et x^e)? On l'ignore. Notons cependant un fait. Sur la paroi gauche et la paroi droite du couloir, Phtah est le dieu principal. Les 130 dieux le suivent d'un côté, comme les 76 rois le suivent de l'autre. Devons-nous conclure de là que les personnages royaux associés au culte du dieu de Memphis sont plutôt des rois memphites? Il serait difficile de répondre.

Je ne pousserai pas plus loin ces observations. Au moment où la table d'Abydos touche à la xie dynastie, elle atteint une région déjà bien explorée et perd tout son intérêt.

Nous connaissons dans son ensemble le couloir d'Abydos et la précieuse liste dont on a si à propos décoré l'une de ses parois. Quel service ce dernier document, considéré dans son ensemble, rend-il à la science?

La nouvelle table d'Abydos a surtout pour la science cet avantage qu'elle fortifie et affermit notre confiance en Manéthon. Par elle nous devenons de plus en plus certains que Manéthon est un écho sincère, bien qu'affaibli, des traditions égyptiennes. En ce qui regarde l'ancien empire, elle nous permet de voir que l'histoire nationale ne s'est pas écartée là plus qu'ailleurs de la vraie voie. Qu'il y ait eu à cette époque des rois collatéraux, c'est ce qu'*a priori* nous pouvons affirmer. Mais Manéthon, qui le savait parce qu'il avait bien plus que nous le moyen de le savoir, ne les a point admis. Tel est Manéthon. Ses listes sont la condensation de toutes les listes. Bien que conçues sur un autre plan (quant aux coupures intérieures) que le papyrus de Turin, elles n'en sont pas moins égyptiennes d'origine et de forme. Certes ce serait aller trop loin que de considérer ce qui nous reste de l'œuvre de Manéthon comme le dernier mot de la science. Mais gardons-nous aussi de tomber dans l'extrême opposé. Manéthon, à coup sûr, mérite mieux de nous. Aurait-il amoncelé au hasard et les uns sur les autres des rois collatéraux que, par une conclusion logique, tous les cartouches dont les monuments se montrent de jour en jour plus prodigues devraient se retrouver dans ses listes. Or, chacun sait que Manéthon est plus court que les monuments.

La table d'Abydos a donc pour nous cet intérêt qu'elle consolide un de nos principaux instruments de travail, en même temps qu'elle nous en apprend mieux l'usage. Par quelques retouches prudentes, corrigeons dans les listes de Manéthon les altérations les plus évidentes qui s'y font remarquer; évitons surtout de toucher à ces épineuses questions de chiffres qu'il est toujours si difficile de débarrasser des obstacles qui en défendent l'approche, et, grâce à la table, nous posséderons une nomenclature des dynasties égyptiennes aussi parfaite que, dans l'état actuel des matériaux dont nous disposons, il est permis de l'espérer.

Comme résumé de cette étude et comme épreuve du système dont je viens d'indiquer les bases, je publierai maintenant le tableau synoptique de tous les rois jusqu'ici connus qui ont régné en Égypte sous les six premières dynasties. L'historien national y est, bien entendu, pris comme type, comme *criterium;* ses listes sont l'étalon auquel toutes les autres listes sont rapportées. Peut-être dira-t-on qu'après tout, ce tableau n'est que le résultat d'arrangements arbitraires des cartouches. Par mainte expérience déjà tentée, nous savons, en effet, combien il est facile de construire des tableaux de ce genre, qui, vus de loin et sans trop d'attention, ont toute l'apparence de la solidité. Mais je prie le lecteur de remarquer qu'il n'y a rien ici de pareil. Chaque cartouche est à sa place, non point parce que je l'y ai mis, mais parce qu'il y a été pour ainsi dire apporté par un monument. Tout d'ailleurs, malgré la diversité des matériaux employés, s'y classe sans efforts et sans remaniements. Si un ensemble de cette longueur s'établit avec le concours et le consentement de tant d'autorités sans qu'il soit fait violence à la moindre d'entre elles, il faut qu'il soit, dans une certaine mesure, l'expression de la vérité.

Ire DYNASTIE.

I. ΜΗΝΗΣ.

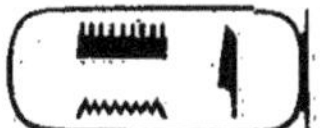 *Mena.*

Man. Erat. Ab. Tur.

II. ΑΘΩΘΙΣ.

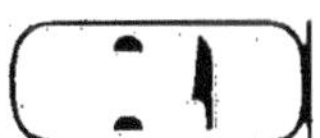 *Teta.*

Man. Erat. Ab. Tur. ?

III. ΚΕΝΚΕΡΗΣ.

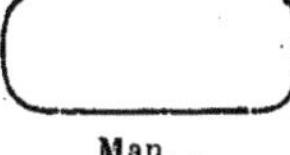

Man.

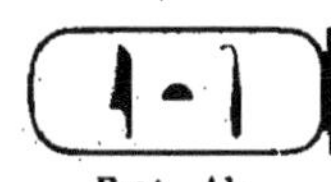 Ἀθωθις β'.

Erat. Ab.

IV. ΟΥΕΝΕΦΗΣ.

Man.

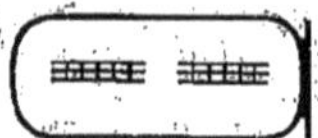 *Ata.*

Ab. Tur.?

V. ΟΥΣΑΦΑΙΔΟΣ.

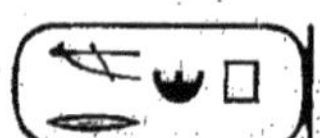 *Hesep-ti.*

Man. Ab. Tur.

VI. ΜΙΕΒΙΔΟΣ.

Meri-ba.

Man Ab. Saqq. Tur.

VII. ΣΕΜΕΜΨΗΣ.

Man.

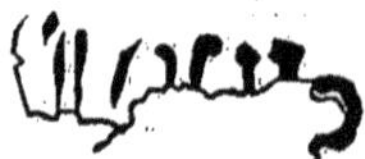

Tur.

Ab.

VIII. [Κ]ΟΥΒΙΕΝΘΗΣ.

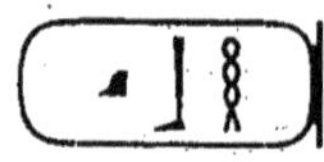 *Kebeh.*

Man. Ab. Saqq. Tur.

IIᵉ DYNASTIE.

I. ΒΟΗΘΟΣ.

 *Bet'ou.*

Man. Ab.

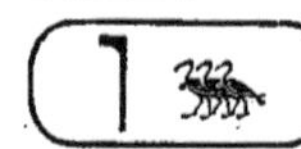 *Neter-ba-ou.*

Saqq. Tur.

II. ΚΑΙΕΧΩΣ.

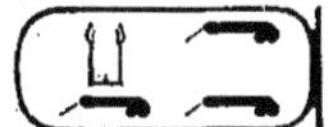

Man. Ab. Saqq. Tur.

III. ΒΙΝΩΘΡΙΣ.

Ba—neter—en.

Man. Ab. Saqq. Tur.

IV. ΤΛΑΣ.

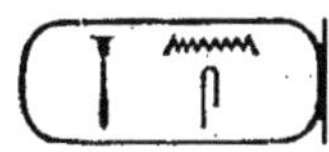

Out'a-nes.

Man. Ab. Saqq.

V. ΣΕΘΕΝΗΣ.

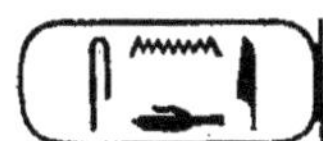

Senta.

Man. Ab. Saqq. Tur.

VI. ΧΑΙΡΗΣ.

Man.

Tur.

VII. ΝΕΦΕΡΧΕΡΗΣ.

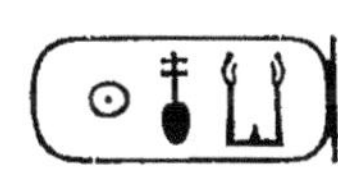

Nefer ké-ra.

Man. Saqq.

VIII. ΣΕΣΩΧΡΙΣ.

Man.

IX. ΧΕΝΕΡΗΣ.

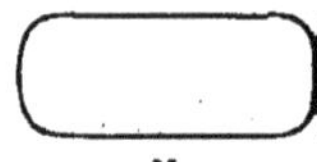

Man.

IIIᵉ DYNASTIE.

I. ΝΕΧΕΡΩΦΗΣ.

 *Seker-nefer-ké.*

Man. Saqq. Tur.

II. ΤΟΣΟΡΘΡΟΣ.

Man.

 *...t'a.*

Saqq. Tur.

III. ΤΥΤΙΣ.

 *T'at'i.*

Man. Ab.

 *Bebi.*

Saqq. Tur.

IV. ΝΕΧΩΦΡΙΣ.

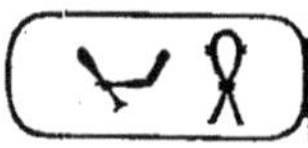 *Neb-ké-ra.*

Man. Ab. Saqq. Tur.

V. ΒΩΥΦΙΣ.

 *Ser-sa.*

Man. Ab. Saqq. Tur.

VI. ΤΟΣΕΡΤΑΣΙΣ.

Ser-te-ta.

Man. Ab. Saqq. Tur.

VII. ΑΧΗΣ.

 *Heni* ou *He-nakht*.

Man. Saqq. Tur. Pap. Prisse.

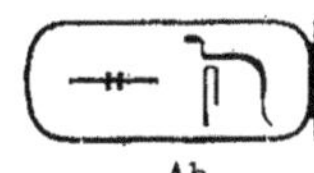 *Set'és*.

Ab.

VIII. ΣΗΦΟΥΡΙΣ.

 *S-nefer-ou I*^{er}.

Man. Saqq. Tur. Pap. Prisse.

IX. ΝΕΦΕΡΧΕΡΗΣ.

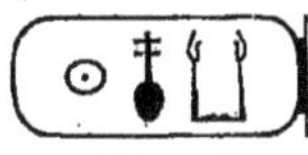 *Nefer-ké-ra*.

Man. Ab.

IVe DYNASTIE.

I. ΣΩΡΙΣ.

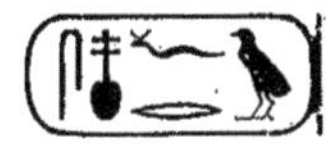 *S nefer-ou II*.

Man. Ab. Pyram. Karn.?

II. ΣΟΥΦΙΣ.

 *Khoufou*.

Man. Ab. Saqq. Pyram.

V. ΡΑΤΟΙΣΗΣ.

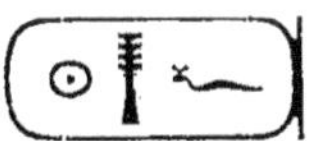 *Ra-tet-ef*.

Man. Ab. Saqq.

III. ΣΟΥΦΙΣ.

 *Scha-f-ra*.

Man. Ab. Saqq. Pyram.

IV. ΜΕΝΧΕΡΗΣ.

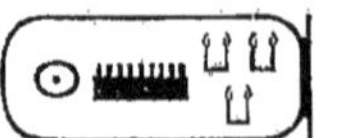   *Men-ké-ou-ra.*

Man. Ab. Tombe de Saqq.

VI. ΒΙΧΕΡΙΣ.

Man.

Ab. Tombe de Saqq.   *Aṣes-kef.*

VII. ΣΕΒΕΡΧΕΡΗΣ.

Man.

Saqq.   .....

VIII. ΘΑΜΦΘΙΣ.

Man.

Saqq.

Saqq.   .....

Ve DYNASTIE.

I. ΟΥΣΕΡΧΕΡΗΣ.

   *Ouser-Ké-f.*

Man. Ab. Saqq.

II. ΣΕΦΡΗΣ.

   *Sahou-ra.*

Man. Ab. Saqq. Karn.

III. ΝΕΦΕΡΧΕΡΗΣ.

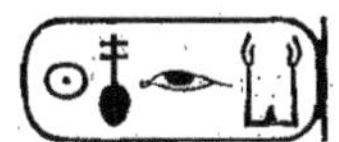 *Nefer-ari-ké-ra.*

Man. Saqq.

IV. ΣΙΣΙΡΗΣ.

 *Ases-ké-ra.*

Man. Saqq.

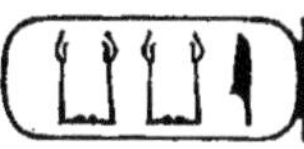 *Kéka.*

Ab.

V. [ΝΕΦΕΡ]ΧΕΡΗΣ.

 *Nefer-scha-ra.*

Man. Saqq.

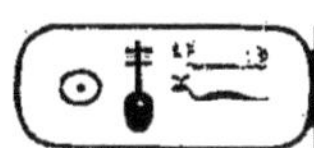 *Ra-nefer-ef.*

A

 *Her-a-ké-ou.*

Mon. divers.

VI. ΡΑΘΟΥΡΗΣ.

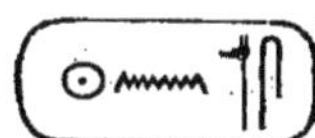 *Ra-en-ouser.*

Man. Ab. Karn.

VII. ΜΕΝΧΕΡΗΣ.

 *Men-ké-her.*

Man. Ab. Saqq. Tur.

VIII. ΤΑΤΧΕΡΗΣ.

 *Tat-ké-ra.*

Man. Ab. Saqq. Tur. Karn.

IX. ΟΝΝΟΣ.

Ounas.

Man. Ab. Saqq. Tur.

VI° DYNASTIE.

I. ΟΘΟΗΣ.

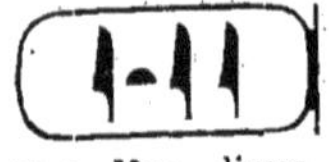

Ati.

Man. Mon. divers.

Teta.

Ab. Saqq.

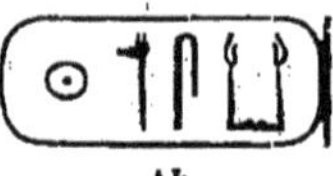

Ouser-ké-ra.

Ab.

II. ΦΙΟΣ.

 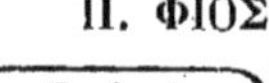

Ra-meri Pepi.

Man. Ab. Saqp. Karn.

III. ΜΕΘΟΥΣΟΥΦΙΣ.

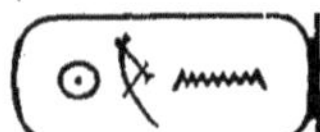 

Ra-meri-en [Mentou-hotep].

Man. Ab. Saqq. Karn.

IV. ΦΙΩΨ.

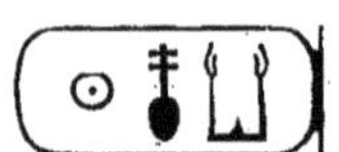 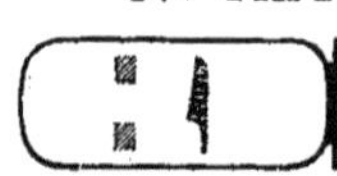

Ra-nefer-ké [Pepi].

Men. Ab. Saqq. Tur.?

V. ΜΕΝΘΕΣΟΥΦΙΣ.

[Ment-em-sa-f].

Man.

VI. ΝΙΤΩΧΡΙΣ.

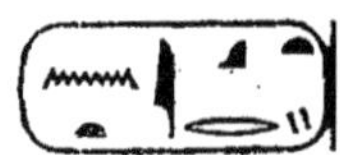

Net-aker.

Man. Tur.

Telle est la nouvelle table d'Abydos. Comme perfection de gravure, comme conservation, comme étendue, il est peu de monuments qui la dépassent. Quant à son caractère général, il ressort des seules explications qui précèdent. Manéthon nous montre comment, sous Philadelphe, l'Egypte comprenait l'arrangement de ses rois. Une autre forme des mêmes listes, celle que l'Egypte adoptait probablement au temps de Ramsès II, nous est fournie par le papyrus. Des deux côtés, l'histoire est le but à atteindre. Mais la table d'Abydos a une portée bien plus restreinte. Ici plus d'histoire. Le point de départ du monument est une dévotion particulière à certains rois, dont nous ne pouvons que supposer les motifs.

Ces motifs sont en effet un des points que nous sommes obligés de laisser en suspens. Je ferai cependant une remarque qui conduirait peut-être sur la voie d'une solution. La hauteur de ce qui reste des murs de la chambre d'où a été enlevée l'ancienne table d'Abydos m'a fait supposer depuis longtemps qu'une rangée supérieure, complètement détruite, manque à ce monument, de telle sorte que le nombre total des cartouches antérieurs à Ramsès II se monterait à 76. De son côté, M. Devéria a très-bien vu que, dans leurs parties communes, l'ancienne table et la nouvelle correspondent exactement. L'une range les rois qui précèdent le dédicateur sur trois lignes, l'autre sur deux; mais chacune d'elles met 75 noms avant Séti. La liste trouvée dans le temple de Ramsès à Abydos ne serait donc qu'une copie de celle qui avait déjà été gravée dans la même ville sur l'un des murs du temple de Séti. Or, cette identité de rédaction fait voir qu'en choisissant les 75 rois communs aux deux listes, Séti et Ramsès ont voulu nommer ces rois plutôt que d'autres. Le choix des cartouches leur eût-il été indifférent que certainement les deux tables ne se seraient pas ressemblé. Nous sommes donc entraînés par là à supposer que cette longue nomenclature de rois, deux fois répétée dans la même ville, a été dressée pour Abydos et qu'elle est propre à cette localité. Peut-être les 75 princes furent-ils originaires de la ville d'Osiris. Peut-être (et je pencherais plutôt pour cette opinion) y laissèrent-ils des monuments, des fondations, qui y firent particulièrement vénérer leur mémoire. Séti et Ramsès, construisant deux temples à Abydos, auraient ainsi, dans ces temples mêmes, rappelé le souvenir des rois qui avaient avant eux élevé ou embelli le sanctuaire de la ville sacrée. Notons que cette manière d'expliquer la table d'Abydos a l'avantage de nous faire voir sous un jour nouveau le but que Thoutmès III s'est proposé d'atteindre en dédiant dans le temple de Karnak une salle de cet édifice aux rois ses prédécesseurs.

Là se trouvent les souverains auxquels Thèbes devait plus particulièrement sa reconnaissance. Sous les rois de l'ancien empire, Thèbes
n'était encore qu'une bourgade, et elle devint capitale seulement sous
les Entef de la XIᵉ dynastie. La XIIᵉ dynastie a construit un sanctuaire
dont Champollion a vu les restes. Les cartouches si rares de la XIIIᵉ et
de la XIVᵉ qui couvrent le côté droit de ce monument ne se rencontrent
guère, chose remarquable, que sur les fragments de statues de cette
époque, que Karnak nous a fait trouver en assez grand nombre. La
salle des Ancêtres est ainsi un monument thébain. Aussi les princes
Entef qui commencèrent la renommée de la ville naissante y figu-
rent-ils non parce que les liens du sang les rattachaient à Thoutmès,
mais parce que la XIᵉ dynastie fut la première dynastie thébaine. En
résumé, les deux tables d'Abydos seraient donc une seule et même
liste de rois plus particulièrement populaires dans cette ville. Avant
Séti et Ramsès, ces rois s'étaient honorés par la construction ou la
restauration d'édifices sacrés; ils avaient fondé des services d'offrandes à faire en leur propre nom aux dieux; ils avaient enrichi
les trésors des temples. Séti et Ramsès bâtissent à leur tour des
sanctuaires; ils renouvellent les offrandes à faire tant en leur nom
qu'en celui de leurs prédécesseurs; ils rappellent le souvenir de ceux
qui, avant eux, honorèrent par leurs fondations la majesté des dieux
adorés dans Abydos.

Aug. Mariette.

Abydos, le 24 novembre 1865.

Paris. — Imp. Pillet fils aîné, rue des Grands-Augustins, 5.

NOTE

SUR

UN FRAGMENT DU PAPYRUS ROYAL DE TURIN ET LA VIe DYNASTIE DE MANÉTHON.

———

Je ne sache pas qu'avant M. Bunsen (1) personne ait fait usage, pour la reconstruction des premières dynasties égyptiennes, du papyrus hiératique dont il va être question. En 1844, M. Birch, du *British Museum*, disait de lui que loin d'introduire dans la critique historique une série de faits nouveaux, le papyrus suffirait *tout au plus* à confirmer ce qui a déjà été prouvé ailleurs (2). M. Barucchi (3) tenait ce célèbre monument dans le même dédain, et cela se comprend d'autant moins du respectable directeur du musée de Turin, qu'il était mieux que personne en position de le consulter, aussi bien que de vérifier et de contrôler l'arrangement proposé par M. Lepsius (4).

M. Bunsen et M. de Rougé (ce dernier dans sa belle réfutation (5) de l'ouvrage du savant allemand), ont les premiers employé le pa-

(1) *Aegyptens stelle in der welt geschichte.*
(2) *Gallery of antiquities,* p. 68.
(3) *Discorsi critici sopra la cronologia egizia.*
(4) *Auswahl,* taf. III, IV, V, VI. — Champollion avait fait un travail sur le papyrus. Ce fait nous a été révélé par M. Champollion-Figeac dans l'*Univers pittoresque* (Eg., p. 277), et ensuite dans la *Nouvelle Revue encyclop.* (Juin 1846, p. 222 et suiv.). Les détails fournis par M. Champollion-Figeac font croire que ce travail a dû être, sinon complet, du moins étendu. Il serait à désirer qu'il se retrouvât. Je ferai remarquer que M. Champollion-Figeac nous a donné *deux* traductions *différentes* du *même* passage, lequel est relatif aux années du roi Ménès (*Univ. pitt.,* p. 277, B, l. 26, et *Revue encycl.,* p. 229, lig. 9), et il annonce que ces deux versions sont tirées des manuscrits de son frère. Champollion n'a pas pu, dans un même travail, varier à ce point. Cette remarque nous fait penser que Champollion a sans doute, à deux fois, exercé sa critique perçante sur le papyrus, et cette circonstance expliquerait assez bien les contradictions dans lesquelles son frère est tombé involontairement.
(5) *Annales de Philosophie chrétienne,* t. XIV, XV, XVI (3e série).

pyrus à la critique des premiers âges de la monarchie égyptienne. Bien qu'hésitant encore à se servir d'une arme si détériorée par le temps, ils en ont cependant usé avec certain avantage et montré qu'après tout, il ne faut pas, comme M. Barucchi, la mettre tout à fait à l'écart. A tout prendre, le papyrus a donc encore sa valeur, et la somme des faits réels que, grâce à MM. de Rougé et Bunsen, il a introduits dans la science, mérite d'être prise en considération.

Certes, je le sais bien, ceux qui, malgré les deux avertissements de Champollion (6) ont oublié que le papyrus existait, n'ont pas agi sans quelque raison. Ce précieux monument est en effet dans un état déplorable de mutilation. Mais enfin ces fragments diraient encore quelque chose s'il était prouvé qu'ils sont bien à leur vraie place. Toute la question est donc de leur trouver cette place, et c'est justement à cause de la mutilation du papyrus qu'il est de notre devoir de ne négliger aucune observation, si minime qu'elle soit, qui aurait pour résultat de bien déterminer la position d'un ou de plusieurs de ses fragments. C'est une de ces observations, courte et élémentaire, que je viens demander au lecteur la permission de lui soumettre. Il en sortira clairement, j'espère :

1° Qu'un des fragments, le n° 41 de M. Lepsius (7), n'est pas à sa place ;

2° Que l'ensemble de la Ve et de la VIe dynastie de Manéthon est nettement reconnu sur le papyrus et aussi nettement que l'ensemble de la XIIe dynastie qui a servi à la plus grande découverte dont se soit enrichie l'histoire de l'archéologie égyptienne depuis la mort de Champollion ;

3° Enfin, ce qui n'est pas moins considérable, que Manéthon et le papyrus se vérifient mutuellement, et que, dans cette double confrontation, Manéthon ne perd rien de son autorité.

On sait que M. Bunsen a assez bien établi les rapports du grand fragment n° 32 du papyrus (8) et de la Ve dynastie de Manéthon. Ce fragment se termine par trois cartouches qu'il est utile de reproduire. Les voici en hiératique :

(6) *Lettres au duc de Blacas d'Aulps*, 2e lettre, p. 43, et *Bulletin universel*, nov. 6, 1824.
(7) *Auswahl*, taf. IV, tête de la 5e col.
(8) *Ausw.*, taf. IV.

et en hiéroglyphes :

On les lit : 1. *Menkeher* ; 2. *Tet* ; 3. *Ounas*.

Or il est bien difficile que ces trois monarques ne soient pas les

Μενχέρης,
Τανχέρης,
῎Οϐνος,

d'Africain (9), surtout si en suivant une variante du seul bon manuscrit que nous ayons du Syncelle, nous substituons ῎Οννος à ῎Οϐνος. L'identification nous paraît donc régulière, quoiqu'un peu hardie pour M. Bunsen qui base son travail sur la seule ressemblance des noms et des chiffres, et qui, en avouant résolûment que le nom de Nicotris ne s'est pas encore trouvé sur les monuments, se prive du secours que lui eût prêté la présence du nom de cette reine au septième rang après Ounas, là où justement la découverte des trois

(9) *Apud Syncell.*, p. 107. Dindorf.

derniers souverains de la V⁰ dynastie forçait le papyrus à nous faire lire Nitocris.

C'est M. de Rougé qui, à son tour, a franchi la limite posée par M. Bunsen (10), et corroboré l'assimilation d'Onnos à Ounas par la lecture du cartouche de Nitocris à la place que nous venons d'indiquer.

L'ensemble se construisait donc avec une certaine régularité et la ressemblance de Manéthon et du papyrus devenait de plus en plus satisfaisante. A part toute autre preuve, nos deux autorités marchaient déjà suffisamment d'accord.

Je ne crois pas que le moindre doute se soit élevé parmi les égyptologues sur cette question. M. Lesueur seul a protesté (11), et sans que nous sachions bien pourquoi, car il ne nous a sans doute pas donné toutes ses raisons, il a rangé cette quatrième colonne (12) dans la *seizième* dynastie, où le vieux Ounas est tout étonné de se trouver à la suite de *Ramsès V.*

Quelque mérite qu'il faille accorder à l'ouvrage de M. Lesueur, je pense qu'en ceci il s'est gravement mépris. S'il y avait des doutes à avoir, ils ne devaient pas se traduire par un si étrange bouleversement. Et il y a en effet quelques doutes. Les fragments 32 et 43 où se lisent les noms d'Ounas et de Nitocris ne se tiennent pas, et Manéthon lui-même, dont il s'agit ici de vérifier les données par le texte du papyrus, avait pu fournir à M. Lepsius l'ordre dans lequel il a disposé ces deux fragments. En outre, dans l'arrangement que nous venons d'indiquer, la VI⁰ dynastie d'Africain ne se reconnaît plus, et ce n'est pas sans inquiétude qu'à la place des Phiops et des Menthesouphis bien connus, nous voyons apparaître des noms qui ne sont pas du tout ceux de ces monarques. Bref, les objections ne manquaient pas absolument, puisque la VI⁰ dynastie du papyrus était en opposition avec celle de Manéthon ; le cartouche de Nitocris pouvait donc ne plus être à sa place, la question en revenait au point où l'avait laissée M. Bunsen, et il y avait doute réel sur la position réciproque de tous les fragments du groupe où se lisent les quatre cartouches qui nous occupent.

Nous trouvons heureusement un secours inespéré dans les chiffres du papyrus comparés à ceux de Manéthon, et la VI⁰ dynastie est fa-

---

(10) *Annales de Phil. chrét.*
(11) *Chronologie des rois d'Égypte.* Imp. nat.
(12) *Ibid.*, p. 246.

cile maintenant à ressusciter presque entière. Ces chiffres en effet
vont lier tous les fragments entre eux, et nos deux autorités seront
en accord à peu près parfait pour une suite de neuf rois. La comparaison du papyrus et d'Africain donne :

Vᵉ DYNASTIE.

AFRICAIN.	PAPYRUS.
. . . .	. . . .
Mencherès . . . . 9 ans.	Menkeher . . . . . . 8 ans. . . . mois.
Tancherès . . . . 44 ans.	Tet . . . . 38 ans.
Onnos . . . . 33 ans.	Ounas . . . . 30 + ? ans.

VIᵉ DYNASTIE.

AFRICAIN.	PAPYRUS.
. . . .	Manque . . . . 6 mois 21 j. (13)
Othoès . . . . manque	Manque . . . . manque.
Phios . . . . 53 ans.	Manque . . . . 20 ans.
Menthesouphis 7	Manque . . . . 4 jours.
Phiops 94	Manque . . . . 90 + ? ans
Menthesouphis 1	Manque . . . . 1 an 1 mois.
Nitocris 12	Nitocris . . . . manque.

Maintenant que Menkeher, Tet et Ounas ne soient pas Mencherès,
Tancherès et Onnos d'Africain, cela est au moins difficile. S'il n'y a
pas certitude complète, il y a des probabilités telles que si on les récusait, il faudrait aujourd'hui rayer des annales de l'histoire une foule
de faits qui ne s'appuient pas sur des preuves plus solides et n'en
sont pas moins acquis à la science. Voilà donc toute une colonne et
la tête de deux autres parfaitement déterminées. La lecture du nom
de Nitocris par M. de Rougé, qui a confirmé la découverte des trois
monarques de M. Bunsen, est à son tour vérifiée par les chiffres du

(13) Le papyrus compte sept rois où Manéthon n'en donne que six.

papyrus. Comme on le voit, toute cette partie du fameux monument de Turin est, en résumé, reconstruite avec précision.

Quelques courtes observations épuiseront toute la discussion.

———

M. Lesueur, ainsi que je l'ai déjà dit, range Ounas, à la page 246 de son Mémoire, parmi les rois de la XVIᵉ dynastie. Je ne sais pourquoi l'ensemble si satisfaisant auquel nous sommes arrivés tout à l'heure, n'a pas plu à M. Lesueur; mais le fait est d'autant plus étonnant que ce savant avait lu, non-seulement les trois cartouches que nous avons reproduits (14), mais encore les chiffres de la dynastie suivante (15), et même, chose remarquable, le cartouche de la *vultu rubicunda* de Goar (16).

Maintenant pourquoi le nom *Nitocris* de M. Lesueur n'est-il pas celui de la Nitocris de Manéthon; pourquoi Ounas des monuments n'est-il pas Onnos de la Vᵉ dynastie? C'est d'abord parce que M. Lesueur a oublié qu'Ounas figurait sur des monuments incontestablement antérieurs à la XIIᵉ dynastie, et ensuite parce que, de la reine Nitocris qui finit la VIᵉ dynastie, M. Lesueur fait le *roi* Nitocris (17) qui aurait commencé, selon lui, la VIIIᵉ.

Or c'est justement avec le cartouche de notre reine Nitocris que M. Lesueur arrange un Nitocris inconnu à l'histoire. Il annonce en effet que le papyrus lui a fourni ce nom orthographié ⟦cartouche⟧ *Netaktri*, et dépourvu de la marque du féminin (18).

Sur cette seule donnée, M. Lesueur prétend que Nitocris n'est plus une reine, mais un roi. Comme cette question touche d'assez près à divers points délicats de l'archéologie égyptienne, il est nécessaire de lui chercher une solution. Avant de l'essayer, je demanderai à noter deux faits.

Le premier, c'est que M. Lesueur a lu *Netaktri*, là où on lit réellement ⟦cartouche⟧ , *Netaker*, selon la transcription de M. de Rougé (19). Ici la marque du féminin se trouve bien; et le ⟦signe⟧ de

———

(14) *Chron.*, p. 324.
(15) *Ibid.*, p. 266.
(16) *Ibid.*, p. 268.
(17) *Ibid.*, pp. 223 et 268.
(18) *Ibid.*
(19) *Annales de Phil. chrét.*

l'hiératique ne convient pas plutôt à un roi qu'à une reine ; c'est une sigle d'honneur qui, dans l'écriture hiératique, accompagne tout cartouche et peut se transcrire indifféremment par le déterminatif *homme* 〔﹨〕, ou *femme* 〔﹨〕. Elle correspond dans le papyrus au titre 〔𓏏𓀀〕 qui, à une certaine époque, accompagne invariablement les noms royaux (20). Ensuite 〔𓄿𓎡𓏏〕 *Aktri* est un barbarisme dont rien n'autorise l'introduction dans la langue égyptienne. Les inscriptions de toutes les époques donnent constamment 〔𓄿𓎡〕, *Aker, victoire*, que le copte a bien conservé sous la forme ⳉⲣⲟ, *saïd.*, ou ϭⲣⲟ, *memph.* En vain M. Lesueur, qui n'est pas difficile dans le choix des arguments, veut-il prouver que 〔𓄿𓎡𓏏〕, *Aktri*, est la forme antique de 〔𓄿𓎡〕, *Aker*, et appuie-t-il cette restitution hypothétique sur l'hypothèse d'après laquelle le nom *Sésostris* se serait écrit 〔𓅭𓇋𓄿𓎡𓏏〕, *Sesaktri, le fils victorieux.* Tout cela n'a pas de fondement réel, le cartouche qu'on vient de lire n'est dû qu'à l'imagination de M. Lesueur, et la lecture du nom *masculin Netaktri* est absolument fausse.

Le second fait, c'est qu'Ératosthène a traduit Nitocris par Ἀθηνᾶ νικηφόρος (21), *Minerve victorieuse ;* or Minerve, la Neith du Panthéon Égyptien, selon Platon (22) et Arnobe (23), est bien une déesse, et un roi n'aurait pas porté plus qu'un particulier le nom d'une déesse. Cette règle ressort évidemment du classement des quatre ou cinq cents noms propres égyptiens connus, noms propres parmi lesquels on trouve ceux de 〔𓅃𓀀〕, *Horus*, 〔𓃹𓈖𓄿𓀀〕, *Ounnofré*, 〔𓉐𓀀〕, *Pnebmonth* (le seigneur Month), 〔𓆋𓀀〕, *Sebeknakht* (le Se-

---

(20) Ce titre si connu est aussi très-souvent employé dans les hiéroglyphes, sous cette forme 〔𓋹𓏏𓊪〕. Notre papyrus nous fournit lui-même un exemple de cette appellation honorifique placée après les noms de rois ; c'est à la quatrième ligne de la septième colonne. M. Lesueur ne l'a pourtant pas reconnue, puisqu'il transcrit le groupe hiératique par 〔𓊪〕 qui n'offre aucun sens.

(21) *Apud Syncell.*, p. 195, D.

(22) *In Tim.*

(23) *Adv. gentes*, IV, 16, t. V, p. 1034. Migne.

bek puissant), pour les hommes; et pour les femmes ceux de 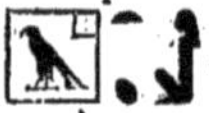, *Hathor*, , *Isis*, , *Hakté*, parmi lesquels on ne trouvera jamais un nom de *dieu* porté par une *femme*, ou un nom de *déesse* par un homme (24). Le roi Nitocris de M. Lesueur a donc encore une fois tort ici, et les annales de l'Égypte ne nous fourniront pas plus de pharaon de ce nom que l'histoire de Rome ne nous donnera d'empereur du nom d'Agrippine, ou l'histoire de France de monarque du nom de Catherine de Médicis.

Vient maintenant la question elle-même et les observations qu'elle soulève.

Ces observations tendent à prouver que, dans les cartouches de reines, on a pu souvent omettre la marque du féminin ⌓, quand le cartouche était celui d'une femme investie du souverain pouvoir. M. Lesueur lui-même nous en fournirait la preuve. Voici, je crois, ce qui met ce point hors de doute, et en même temps ce qui complète, d'après les monuments, l'ensemble de la XIIe dynastie, tel qu'il nous est donné par Manéthon (25).

M. de Rougé a très-habilement établi (26), d'après M. Lepsius, que le dernier cartouche de la XIIe dynastie du papyrus (27), dont voici la transcription :

est celui qui doit appartenir au dernier nommé de la même dynastie de Manéthon. A la troisième ligne de la salle de Thothmès III, on le lit :

et on voudra bien remarquer qu'ici, pas plus que sur le papyrus, il n'est accompagné de la marque du féminin. Or ce dernier nommé

(24) Il est entendu qu'il faut excepter de cette règle les noms propres qui, par leur essence même, appartiennent aux deux sexes. Tels sont Phtahmaï, Amounmaï, Thoutmès, Aahmès, etc., qui signifient également l'*aimé* ou l'*aimée* de Phtah, d'Ammon, l'*engendré* ou l'*engendrée* de Thoth, de Lunus. Ces quatre noms sont portés par des hommes et des femmes mentionnés sur des stèles du Louvre.

(25) *Syncell.*, p. 3, D.

(26) *Ann. de Ph. ch.*

(27) *Ausw.*, taf. V, col. 7.

est la *reine* Skemiophris (28), corruption évidente de *Rasebeknofréou*
qu'on lit dans les cartouches précédents.

Je sais bien que dans le doute où le mettait l'absence du féminin, M. de Rougé a fait alors de Sébeknofré un *roi*, époux d'une
princesse qui l'aurait appelé au trône. Mais depuis, ce savant a
modifié son opinion, et je pense comme lui que l'absence de la
marque du féminin ne prouve rien et que Sebeknofré (29) est une
reine qui aurait occupé la dernière place dans la liste des monarques
de la XIIᵉ dynastie.

La preuve de cette dernière assertion est facile à établir.

Un fait constant, c'est que de simples particuliers se sont souvent
attribués, non pas seulement le nom propre d'un roi, avec ou sans
cartouche, comme ⟦hiéroglyphes⟧, *Amenemhé*, ⟦hiéroglyphes⟧,
Sésoustasen, et tant d'autres, mais encore son prénom royal (30),
comme les ⟦hiéroglyphes⟧, *Raterké*, ⟦hiéroglyphes⟧, *Rascha-
keousenb*, de la stèle n° 23 du Louvre. Des femmes se sont même
appelées ⟦hiéroglyphes⟧, *Setraterké*.

Cette coutume née sans aucun doute de la vénération et de la reconnaissance du peuple, n'a pas eu que les rois pour objet; des
reines aussi ont mérité cet honneur, et ce nom *Sebeknofreou* a été
si souvent porté par des femmes, après la XIIᵉ dynastie, qu'il est
impossible qu'à l'exemple des hommes qui se sont appelés Raterké, etc., ces femmes n'aient pas consacré par leur nom le souvenir d'une reine illustre, l'ancêtre directe des monarques sous les-

(28) *Syncell.*, p. 111, D.

(29) On pourrait croire que le nom du *dieu* Sebek est ici porté par une femme, et
que ce serait là au moins une exception à la règle posée tout à l'heure. Je ferai observer que le caractère ⟦hiéroglyphe⟧ est à la fois substantif, adjectif et verbe; Sebeknofreou peut
se traduire : *bienfaits de Sebek, dons de Sebek,* analogue à Théodore, aussi bien
que le *très-bienfaisant Sebek.* A la 3ᵉ ligne de Karnac, au lieu de ⟦hiéroglyphe⟧ qui pourrait être le superlatif de l'adjectif ⟦hiéroglyphe⟧, nous trouvons ⟦hiéroglyphe⟧ qui est évidemment le
pluriel du substantif *bienfait.*

(30) Ces faits ne se produisent guère, pour les prénoms royaux, qu'à la XIIᵉ dynastie et à l'époque Saïtique. Du temps des Psammitichus, nous avons le *fonctionnaire de la demeure de Khoufou* (Chéops) ⟦hiéroglyphe⟧, *Ranofrêhet* auquel appartenait
le fameux scarabée d'or dont M. le duc de Luynes aurait offert 12,000 fr. à cause de
la prodigieuse antiquité qu'on lui attribue généralement. M. Prisse a publié ce scarabée. (*Revue Archéol.*, t. II, p. 733).

quels elles vivaient. Une stèle très-curieuse du Louvre (31) donne le nom ⟶ ↑↑↑, *Sebeknofreou*, pour celui d'une femme qui avait vécu à la cour d'une reine de la XVe dynastie, nommée Noubschaès. Sur une autre stèle (32), une dame, sœur du personnage principal qui s'appelle *Nantef*, porte le même nom. Sebeknofré est très-évidemment un nom de femme. Il peut donc être le thème primitif de Skemiophris, et M. Lesueur qui a transcrit (33) ce cartouche de reine sans le féminin, nous a prouvé qu'on pouvait se passer de cette précaution grammaticale quand le nom était celui d'une femme faisant fonction de roi.

Tout se réunit donc pour repousser les conjectures par lesquelles M. Lesueur élève Nitocris à la dignité de roi, et pour confirmer de plus en plus l'arrangement que nous avons proposé pour les fragments du papyrus où le nom d'Onnos, de Nitocris et les chiffres de la VIe dynastie se trouvent inscrits.

Il reste un mot à dire sur l'identification de la Nitocris du papyrus, et de la reine de Manéthon. C'est que sur le papyrus viennent après Nitocris deux noms

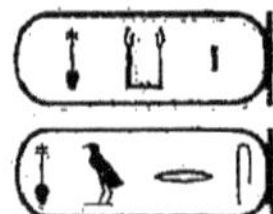

Nofreké et *Snefrou* qu'il est impossible de ne pas identifier avec

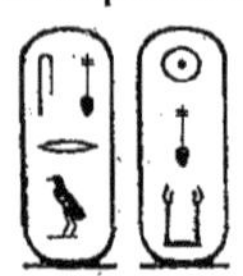

Snefrou et *Nefroukera* (Νεφερχέρης) de la première ligne de la salle des Ancêtres. Je note cette remarque sans en rien conclure pour le classement des deux rois de la chambre de Karnac. Il est bon toutefois de faire observer qu'ils se présentent sur le papyrus dans l'ordre inverse de celui que l'on suit ordinairement pour la lecture de la première ligne de la salle des Ancêtres.

De ce qui précède il résulte donc que tout le groupe de fragments

(31) N° 45.
(32) N° 47.
(33) *Chronol.*, p. V.

du papyrus qui embrasse une colonne et la tête des
deux suivantes est reconnu d'une manière satisfaisante. J'ai dit tout à l'heure qu'en tête de la cinquième
colonne, on s'étonnait de trouver des noms qui ne
sont pas ceux des Phiops et des Menthesouphis de
Manéthon ; c'est qu'en effet ces noms, transcrits par
le papyrus en cette forme :

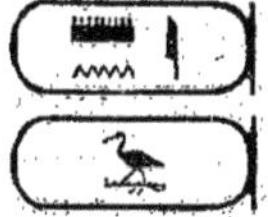

se lisent *Ménès* et *Athothis* :

Comme on le voit, j'ai eu quelque raison d'annoncer que le fragment n° 41 de M. Lepsius n'est pas à la place qu'il doit occuper.

J'espère que ces simples éclaircissements ne laisseront aucun
doute dans l'esprit du lecteur sur l'ensemble de la VIe dynastie
du papyrus, et l'autorité que ce fragment d'histoire rédigé au
XVIIIe siècle avant notre ère vient prêter aux listes de Manéthon,
listes si déformées depuis Eusèbe jusqu'à nous par les ennemis de
l'antiquité égyptienne, et dont pourtant les monuments nous con-
firment chaque jour l'authenticité et l'exactitude. Le prêtre de Sé-
bennyte est donc encore une fois sorti victorieux de cette épreuve.
On ne peut plus douter maintenant qu'il n'ait puisé aux bonnes
sources, et qu'il n'existât dans les archives politiques de l'Égypte
une chronique du temps, un παλαιὸν χρονικόν, dont notre papyrus
et le lambeau de *Vieille chronique* que nous a conservé le Syncelle (34) ne sont sans doute que des transcriptions. C'est dans un
document de cette sorte que Manéthon aura cherché et ses noms et
ses dates. On voit par là quelle valeur incontestable s'attache à la fois
au papyrus de Turin, à la *Vieille chronique* que notre auteur byzantin
accuse si plaisamment d'avoir *induit Manéthon en erreur*, enfin à
Manéthon lui-même ; ces trois autorités, diversement modifiées,
amoindries par le temps et les hommes, ont la même origine, et
devaient se ressembler comme trois exemplaires du même registre
officiel que les prêtres égyptiens avaient la mission de conserver dans
les temples (35) et sur lequel ils inscrivaient l'histoire de leur pays.

Aug. Mariette,
Employé du départ. des Antiques et Sculptures du Louvre.

(34) P. 95, D.

(35) Toute la tradition grecque fait foi de cet usage. Voy. surtout Cicéron, *De
republ.*, III, 6, Platon *in Tim.* et Josèphe *Contra App.*, I, 11.

LES TOMBES
DE L'ANCIEN EMPIRE
(ÉGYPTE)

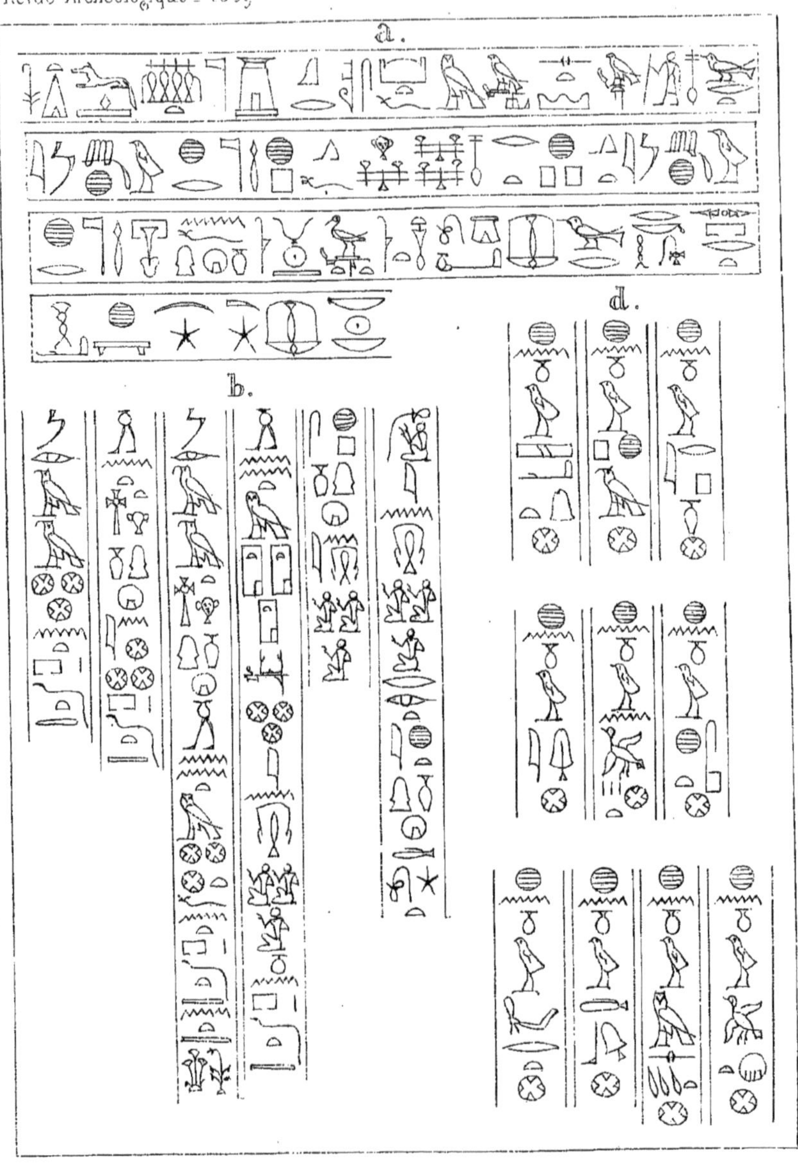

LES TOMBES DE L'ANCIEN EMPIRE (Égypte)

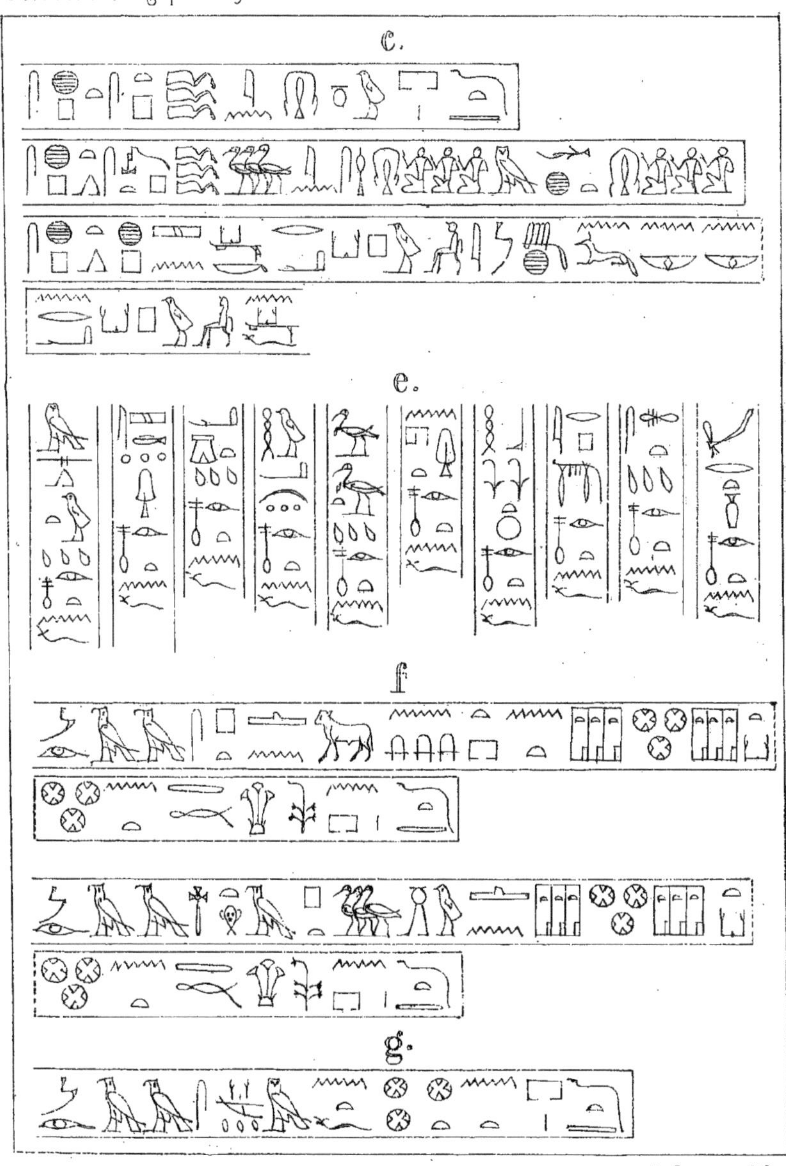

LES TOMBES DE L'ANCIEN EMPIRE (Egypte)